Petits Classiques

LAROUSSE

Collection fondée par Félix Guirand,
Agrégé des Lettres

Zadig
ou la Destinée

Voltaire

Conte orie

D1304701

Édition présentée,
annotée et commentée
par Florence Chapiro,
ancienne élève
de l'École normale supérieure (Lyon),
agrégée de lettres modernes

© Éditions Larousse 2006
ISBN : 978-2-03-583207-8

SOMMAIRE

Avant d'aborder l'œuvre

Zadig ou la Destinée

VOLTAIRE

Pour approfondir

AVANT D'ABORDER
L'ŒUVRE

Fiche d'identité de l'auteur

Voltaire

Nom : François Marie Arouet, dit Voltaire. 1719 : adoption du nom de Voltaire, anagramme d'Arouet l(e) J(eune).

Naissance : 21 novembre 1694 à Paris.

Famille : fils de François Arouet, notaire royal au Châtelet.

Formation : études chez les Jésuites à Louis-le-Grand. Fréquentation des milieux des philosophes libertins. Études de droit avortées. Échec au concours de poésie organisé par l'Académie française.

Début de sa carrière : en 1718, triomphe de sa tragédie Œdipe. Puis Artémire représentée en 1720, ensuite La Henriade en 1723, épopée sur la fin des guerres de Religion. Succès à la Cour, mais exil en 1726 après une altercation avec le duc de Rohan.

Premiers succès : Œdipe et La Henriade.

Tournant de sa carrière : reconnu comme le plus grand auteur tragique du XVIIIᵉ siècle. Parallèlement, les contes philosophiques, où s'exerce tout le génie voltairien et les œuvres philosophiques : Lettres philosophiques (interdites en 1734 pour outrage à la religion, et aux bonnes mœurs). Nomination au titre d'historiographe du roi Louis XV (1745).

Dernière partie de sa carrière : nombreuses périodes d'exil, qui le tiennent presque toute sa vie hors de la capitale (notamment dans son domaine de Ferney, à la frontière suisse). Combat contre "l'Infâme" (l'Église catholique), mais aussi contre les athées au nom d'une lecture déiste de l'univers. Célèbre défense de Calas, puis en 1766 du chevalier de La Barre. Traité sur la tolérance (1763). Participation à l'Encyclopédie. Rejet de "l'esprit de sérieux" de la philosophie systématique au profit d'une vulgarisation drôle et intelligente, comme le suggère son Dictionnaire philosophique portatif.

Mort : le 30 mai 1778 à Paris.

Portrait de Voltaire par Jean Huber.

Repères chronologiques

Vie et œuvre de Voltaire	Événements politiques et culturels
1694 Naissance de François Marie Arouet à Paris.	**1704** Traduction des *Mille et Une Nuits*.
1717 Emprisonnement à la Bastille, pour avoir publié des libelles injurieux contre le pouvoir.	**1710** *Essais de théodicée* du philosophe allemand Leibniz.
1718 Triomphe d'*Œdipe*.	**1712** Naissance de Rousseau (mort en 1778).
1719 Adoption du nom de Voltaire.	**1713** Naissance de Diderot (mort en 1784).
1723 Succès à la Cour de *La Henriade*.	**1715** Mort de Louis XIV et début de la Régence.
1726 Altercation avec le duc de Rohan, exil en Angleterre.	**1721** *Lettres persanes* **de Montesquieu.**
1732 *Zaïre*.	**1723** Début du règne de Louis XV.
1734 Exil à Cirey chez Mme Du Châtelet, avec laquelle il entretient une liaison. Interdiction des *Lettres philosophiques*.	**1726-1743** Ministère Fleury.
1741 *Mahomet*.	**1740** Début du règne de Frédéric II de Prusse.
1745 **Historiographe de Louis XV.**	**1741-1748** Guerre de succession d'Autriche.
1746 Élection à l'Académie française.	**1749** *Histoire naturelle* de Buffon.
1748 Publication de *Zadig*.	**1750** **Début de l'*Encyclopédie*.**
1749 Mort de Mme Du Châtelet.	**1751** Publication des tomes I et II de l'*Encyclopédie*.
1750 Début du séjour chez Frédéric II de Prusse à Berlin.	

Repères chronologiques

Vie et œuvre de Voltaire	Événements politiques et culturels
1751 *Le Siècle de Louis XIV.* **1752** *Micromégas.* **1753** Fuite de Berlin et arrestation à Francfort. **1759** *Candide.* **1760** Installation à Ferney. **1762** Défense de Calas. **1763** ***Traité sur la tolérance.*** **1764** *Dictionnaire philosophique.* **1767** *L'Ingénu.* **1778** Retour à Paris entraînant une manifestation d'enthousiasme populaire. Mort.	**1755** Tremblement de terre de Lisbonne, événement qui choqua et fit couler beaucoup d'encre, notamment celle de Voltaire. **1756-1763** Guerre de Sept Ans. **1762** *Du contrat social* de Rousseau. **1765** *Jacques le Fataliste,* roman novateur de Diderot. **1774** Louis XVI monte sur le trône.

Fiche d'identité de l'œuvre

Zadig ou la Destinée

Genre : conte oriental et philosophique.

Auteur : Voltaire, XVIIIᵉ siècle.

Objets d'étude : l'argumentation et la délibération ; un mouvement littéraire et culturel : les Lumières ; le conte philosophique ; le narratif.

Registres : comique, satirique et polémique.

Structure : conte en dix-neuf chapitres.

Forme : récit fictif en prose.

Principaux personnages : Zadig, Astarté, l'ange Jesrad, Moabdar, Sétoc, Cador.

Sujet : Zadig, jeune Babylonien pourvu de toutes les qualités, est le héros d'un conte construit sur une succession d'aventures qui mettent à l'épreuve son bon sens et retardent d'autant la conquête de son bonheur. En cela, le conte de Voltaire s'apparente à la tradition romanesque du roman d'éducation dans lequel le héros sort affermi de sa confrontation avec le monde. Au terme de péripéties, soumis aux aléas du sort, il finit par trouver le bonheur auprès de l'élue de son cœur, Astarté, et par monter sur le trône de Babylone. Ce récit ludique et léger permet à Voltaire d'incarner ses réflexions morales sur le rôle de la Providence et du hasard sur la destinée humaine, dont la conduite demeure hors de toute logique rationnelle ou systématique. Voltaire, grâce à l'écriture comique, démonte la tentative rationaliste qui cherche à systématiser la compréhension de l'homme, mais sans annuler la réflexion philosophique, qu'il rend, par sa verve, plus accessible.

Gravure illustrant les retrouvailles de Zadig et Astartée.

L'œuvre dans son siècle

Le conte oriental : masque d'une réflexion sur la politique du siècle des Lumières

LA RÉGENCE DU DUC D'ORLÉANS (1715-1723), qui succéda à l'autocratie de Louis XIV, dont les dernières années de règne furent particulièrement rigoureuses, permit une période d'assouplissement politique. On a encore l'habitude de peindre cette parenthèse de notre histoire sous les traits du mythe libertin. Auteur de pamphlets à l'encontre du Régent, Voltaire fut le sujet de diverses condamnations. Cependant, cet entre-deux-règnes compta dans la réflexion et l'expérience politiques du siècle des Lumières.

LE RÈGNE DE LOUIS XV (1723-1774) fit suite à cette période et relança de plus belle la réflexion sur les façons de tempérer le pouvoir du monarque absolu de droit divin, d'autant plus que jusqu'en 1743 le cardinal Fleury, ancien précepteur du Roi, joua un rôle pacificateur. *Zadig* participe de la pensée politique des Lumières en tant qu'il y est question de tyrannie et qu'il en émerge la figure du monarque éclairé. Il ne s'agissait pas de renverser la monarchie, mais bien d'en assurer le juste exercice. Le jeu de *Zadig*, avec le masque orientaliste, met l'accent sur la réflexion politique ; l'Orient symbolisant alors le fanatisme religieux et le pouvoir tyrannique. L'orientalisme était à la mode depuis la traduction des contes des *Mille et Une Nuits*, les *Lettres persanes* de Montesquieu (1721) ou les opéras de l'époque, comme *Zoroastre* de Jean-Philippe Rameau.

LA RÉDACTION DE *ZADIG* clôt le « ministère Fleury » et ouvre au règne personnel de Louis XV, marqué par un affrontement entre deux grands partis : celui des dévots et celui des philosophes. Voltaire, protégé par la favorite du roi, Mme de Pompadour, n'en connut pas moins condamnations et exil, car Louis XV laissait le parti dévot asseoir son influence en appliquant sévèrement la censure. *Zadig* répond de ces démêlés

L'œuvre dans son siècle

avec le pouvoir : le poids de la censure est inscrit dans le conte, tout particulièrement au chapitre IV. L'année 1749, c'est-à-dire trois ans après le début de la rédaction de *Zadig*, marqua un tournant dans la vie de Voltaire, qui dut s'exiler loin de Paris et n'y revint qu'en 1778, peu avant sa mort.

La satire des mœurs et des institutions

La DISTANCE impliquée par la fiction orientale permet également d'attaquer indirectement les mœurs et les institutions du siècle des Lumières. Pour preuve, citons la parodique Approbation publiée en première page de *Zadig*. Cette parodie moque l'institution des privilèges royaux, accordés à un ouvrage seulement s'il était jugé conforme aux bonnes mœurs et à la religion. Les ouvrages condamnés étaient brûlés, interdits ; on envoyait leurs auteurs à la Bastille, comme Voltaire en 1717, ou en exil. L'institution royale mais aussi la justice et la religion étaient aux mains de privilégiés qui ne souffraient pas les contestations. *Zadig* rend compte de cette opposition constante des pouvoirs, qui empêchait le bonheur des individus. Ainsi l'on voit tour à tour Zadig en grâce, puis en disgrâce, véritable jouet des caprices du pouvoir. Le conte de Voltaire mène une réflexion sur la liberté et ses limites structurelles. Ce qui est encore critiqué, à travers la satire des institutions, c'est la concentration de tous les pouvoirs aux mains d'un seul, et l'arbitraire qui peut naître d'une telle disposition politique.

En DONNANT À SON CONTE le titre de *Zadig ou la Destinée*, Voltaire y inscrivit tout particulièrement la question morale, puisqu'il s'agissait d'interroger l'existence de Zadig à travers ses aventures, au regard du bonheur qu'il atteint ou manque. Quel est le destin de cet individu, bien né et plein de bon sens, confronté aux mœurs rigides et obscurantistes ? Le titre de l'ouvrage confère donc toute son importance à la critique des mœurs, qui est aussi un leitmotiv de la philosophie des Lumières. Pour engager la satire sans attirer les foudres irréparables du pouvoir, l'on eut souvent recours à la technique de l'œil neuf, à un personnage décalé, qui enraye le mécanisme trop bien huilé des institutions en place. Qu'il s'agisse du Persan de Montesquieu, du bon sauvage de Diderot, du Huron et du Candide de Voltaire, du paysan ingénu de Marivaux, le regard naïf met à mal l'évidence satisfaite de la coutume qui se croit raisonnable, au nom du bon sens de celui qui n'a pas été corrompu par la société.

La MORALE occupa le siècle, car les philosophes voulurent affranchir les mœurs du poids religieux et institutionnel en proposant pour nouveau guide la raison et son bon usage. D'où l'entreprise incessante de vulgarisation dont témoigna l'*Encyclopédie* (1751-1772), le foisonnement sans précédent des expérimentations, des débats à couteaux tirés sur la musique, l'agriculture ou les sciences, mais aussi entre philosophes, comme entre Rousseau et d'Alembert ou Voltaire et Rousseau. Les « philosophes des Lumières », malgré leurs oppositions, s'entendaient sur l'exercice critique qu'il fallait mener contre les préjugés et les institutions, et ce travail d'examen rationnel passa parfois par l'humour et la satire, comme dans *Zadig*.

L'ÉVOLUTION DE LA SCIENCE dans la première moitié du XVIIIe siècle intervint en faveur de cette contestation de l'esprit contre les mœurs inculquées et les institutions toutes-puissantes. En effet, sous l'influence des découvertes de Newton (1642-1727), nombre de vérités tenues pour acquises depuis des siècles volèrent en éclats. Imaginons seulement la révolution intellectuelle qu'impliquèrent des théories comme celles de la gravitation universelle, des lois optiques ou des bases du calcul infinitésimal. C'était découvrir le visage rationnel, mathématisé, d'une nature considérée jusqu'alors sous les traits divins. La physique dépendait dès lors de lois, de règles démontrables, et non plus de pétitions de principes imposées par la tradition religieuse, puisque la science officielle et l'Église n'ont longtemps fait qu'un. Cette nature, tout entière

L'œuvre dans son siècle

à découvrir, brisa également les certitudes sur la place de l'homme dans l'univers, mais aussi sur la conduite qu'il doit adopter, c'est-à-dire sur la morale. Cette nature « mathématisée » n'exclut pas forcément Dieu, surtout chez un Voltaire déiste, mais elle en repense les attributs. Chez Voltaire, Dieu est un « grand horloger », créateur et organisateur de l'univers. Cette position n'est donc pas antireligieuse, mais plutôt anticléricale. Encore une fois, ce qu'attaque Voltaire, c'est l'institution et non l'idée de Dieu.

La philosophie contre les systèmes : le choix du conte oriental

ZADIG renvoie à son époque parce qu'il en propose une satire transposée. En effet, au XVIIIe siècle, la traduction des *Mille et Une Nuits* par Galland, la parution de récits de voyages comme ceux de La Pérouse ou de Bougainville, ou bien encore le *Voyage en Perse et aux Indes orientales* de Jean Chardin, consacrent l'essor d'un engouement pour l'exotisme. Non seulement cet attrait répond à une réflexion sur la relativité des cultures et des civilisations, amenant Voltaire à publier un *Essai sur les mœurs* en 1756, mais, surtout, l'orientalisme devient un procédé fictionnel de génie, une transposition habile des pensées politiques et morales pour critiquer les institutions d'un régime qu'on ne peut attaquer de plein fouet. À travers un regard étranger, ou bien à travers notre regard sur l'étranger, le philosophe appelle la distance au cœur du projet littéraire. Les choses ne peuvent plus être prises littéralement, mais sont soumises au jugement et au libre examen des lecteurs.

CHEZ VOLTAIRE, l'orientalisme redouble le choix du genre, celui du conte. Tout vise à déstabiliser le sérieux. Crébillon avec *Le Sopha* en 1740, Diderot avec ses *Bijoux indiscrets* en 1748 s'exercèrent également à ce genre, qui permettait la légèreté et éventuellement l'humour et l'ironie. Le cadre et le genre de *Zadig* témoignent d'un esprit d'époque ; ils sont aussi les partis pris d'un Voltaire qui répugne à toute pesanteur philosophique, à l'exhibition de ses opinions. Chez Voltaire, homme à mille visages, le conte ne fut pas seulement une mode à suivre, mais l'incarnation privilégiée d'un esprit aspirant à la distance, refusant de se prendre au sérieux.

POUR VOLTAIRE, le véritable philosophe se moque de la philosophie. Moqueur de la systématique leibnizienne, émule d'un Montaigne coiffant d'un chapeau d'âne la scolastique, Voltaire n'écrit pas des traités mais des contes. Dans ce genre, il excella, preuve de son ironie mordante, de son refus de parler pour soi, mais aussi de sa conception de la philosophie enlevée et antisystématique. On verra d'ailleurs à quel point les personnages de *Zadig* échouent quand ils tentent de comprendre le monde à partir de systèmes abstraits et, pis encore, quand ils tentent de les appliquer. Poser l'énigme de la destinée, de la Providence agissant ou non sur cette destinée, c'est pour Voltaire voyager en terres lointaines, défi lancé à l'ethnocentrisme, c'est conter des aventures aussi aléatoires que notre destin, c'est rire du sérieux des hommes en refusant de leur donner à lire ce sérieux même.

Lire l'œuvre aujourd'hui

Zadig n'est pas une œuvre moderne. Il s'agit d'un conte discutant son époque, le siècle des Lumières, mais prônant et pratiquant la distance. Alors pourquoi aller au rebours de son enseignement en tâchant à tout prix de le rapprocher de nous, voire de le plaquer sur notre époque, que Voltaire ignore royalement ? *Zadig* est un art de l'éloignement, une œuvre classique en ce qu'elle propose une fiction emportée de toutes parts au-delà de nous, travaillant à rendre inconfortable notre position, et à la questionner. Peut-être alors qu'il faut, aujourd'hui encore plus qu'hier, rendre à *Zadig* ce qui est à *Zadig* : l'effet d'exotisme et l'étrangeté.

Un art de l'éloignement ?

Le conte voltairien propose de penser les normes à partir du dehors, de reposer les questions morales, religieuses, sociales avec des termes qui seraient ceux d'une autre histoire, d'une autre civilisation, d'un autre univers de croyances, pouvant même puiser dans la réserve infinie de l'imaginaire et de l'invraisemblable. Le conte, c'est l'autre, et pourquoi ne pas écouter, pour une fois, dans un rapport fondamentalement inégalitaire (nous écoutons et il parle), les yeux grands ouverts sur le passé, admirant le génie du sourire voltairien, en nous taisant ? En effet, la fiction orientale est une forme de dialogue intemporel avec une autre culture que celle dans laquelle tel individu évolue. Le conte met à distance pour enseigner la distance même comme indispensable à l'exercice critique de la pensée. On ne saurait résoudre un problème comme celui de la Providence sans discuter avec d'autres époques et d'autres cultures. La distance insiste sur la relativité et fonde le scepticisme de la philosophie voltairienne.

Morale universelle contre particularisme ?

S'il faut refuser une interprétation moderniste de *Zadig*, c'est justement parce que Voltaire cherche lui-même à contourner son époque pour toucher à l'universel. S'il se retire du jeu particulier d'une culture et d'un dogme, ne le replongeons donc pas dans nos propres carcans. En effet, en déjouant l'identification au héros, en se moquant des doctes docteurs et des vérités trop vite justifiées par des pouvoirs institués et injustes, Voltaire propose une lecture universelle et critique des grands débats qui agitent les hommes. Pourquoi ne pas partir du conte, de sa structure simple et amusante pour faire réfléchir ? Pourquoi ne pas montrer les aventures d'un héros naïf, plein de bon sens et peu au fait des coutumes et conventions pour en démontrer ironiquement l'arbitrarité ? Pour écraser le particularisme qui verse toujours dans le fanatisme, Voltaire rejette la particularité. Il multiplie les références, les anachronismes, les symboles, les parodies, et la diversité suffit à brouiller les pistes d'une vérité unique. Force est donc de constater que ce que nous croyons véridique peut n'être qu'opinion, et de reconnaître la place si relative que nous occupons dans l'univers et l'histoire. C'est à travers la réfutation du particularisme que Voltaire prodigue l'universelle leçon de la relativité morale.

Zadig et Astartée. Illustration de Alcide Robaudi.

Zadig

ou la Destinée

Voltaire

Conte oriental et philosophique,
publié pour la première fois
sous ce titre en 1748

Approbation[1]

Je soussigné, qui me suis fait passer pour savant, et même pour homme d'esprit, ai lu ce manuscrit, que j'ai trouvé, malgré moi, curieux, amusant, moral, philosophique, digne de plaire à ceux mêmes qui haïssent les romans.
5 Ainsi je l'ai décrié, et j'ai assuré M. le Cadi-Lesquier[2] que c'est un ouvrage détestable[3].

---

1. **Approbation :** usage ironique de l'autorisation de publication qui régissait la législation de la Librairie. Toute œuvre, pour paraître, devait obtenir une « approbation » royale, c'est-à-dire se soumettre au régime de la censure.
2. **Cadi-Lesquier :** désigne une sorte de ministre turc de la Justice et des Lois de la religion.
3. **Détestable :** jugement qui réfère certainement au censeur royal Crébillon, qui avait entravé en 1742 la publication de *Mahomet*.

Épître dédicatoire[1]
à la sultane Sheraa[2]
par Sadi[3]

Le 18 du mois de schewal[4], l'an 837 de l'hégire[5].

CHARME des prunelles, tourment des cœurs, lumière de l'esprit, je ne baise point la poussière de vos pieds, parce que vous ne marchez guère, ou que vous marchez sur des tapis d'Iran ou sur des roses. Je vous offre la traduction d'un livre d'un ancien sage, qui, ayant le bonheur de n'avoir rien à faire, eut celui de s'amuser à écrire l'histoire de *Zadig*[6] ; ouvrage qui dit plus qu'il ne semble dire. Je vous prie de le lire et d'en juger ; car, quoique vous soyez dans le printemps de votre vie, quoique tous les plaisirs vous cherchent, quoique vous soyez belle, et que vos talents ajoutent à votre beauté ; quoiqu'on vous loue du soir au matin, et que par toutes ces raisons vous soyez en droit de n'avoir pas le sens commun, cependant vous avez l'esprit très sage et le goût très fin, et je vous ai entendue raisonner mieux que de vieux derviches[7] à longue barbe et à bonnet pointu. Vous êtes discrète, et vous n'êtes

---

1. **Épître dédicatoire :** lettre adressée au destinataire de l'ouvrage.
2. **Sheraa :** nom arabe désignant l'étoile Sirius et dont la consonance évoque la conteuse des *Mille et Une Nuits*, Schéhérazade.
3. **Sadi :** poète persan du XIIIe siècle.
4. **Schewal :** dix-huitième mois de l'année musulmane.
5. **Hégire :** date de la fuite de Mahomet loin de la Mecque (622) servant de point de départ à l'ère musulmane. L'an 837 correspond donc à 1459 du point de vue de l'ère chrétienne. On note que la temporalité du conte s'affranchit de toute exactitude chronologique, puisque Sadi est un poète du XIIIe siècle et non du XVe siècle.
6. **Zadig :** nom venant de l'arabe *Saddyq* (« le véridique ») ou de l'hébreu *Zadik* (« le juste »).
7. **Derviches :** religieux musulmans.

point défiante ; vous êtes douce sans être faible ; vous êtes bienfaisante avec discernement[1] ; vous aimez vos amis, et vous ne vous faites point d'ennemis. Votre esprit
20 n'emprunte jamais ses agréments des traits de la médisance[2] ; vous ne dites de mal, ni n'en faites, malgré la prodigieuse facilité que vous y auriez. Enfin votre âme m'a toujours paru pure comme votre beauté. Vous avez même un petit fonds de philosophie, qui m'a fait croire que vous
25 prendriez plus de goût qu'une autre à cet ouvrage d'un sage.

Il fut écrit d'abord en ancien chaldéen[3], que ni vous ni moi n'entendons. On le traduisit en arabe, pour amuser le célèbre sultan Ouloug-beg[4]. C'était du temps où les Arabes
30 et les Persans commençaient à écrire des *Mille et Une Nuits*[5], des *Mille et Un Jours*, etc. Ouloug aimait mieux la lecture de *Zadig* ; mais les sultanes aimaient mieux les *Mille et Un*. « Comment pouvez-vous préférer, leur disait le sage Ouloug, des contes qui sont sans raison et qui ne
35 signifient rien ?

– C'est précisément pour cela que nous les aimons », répondaient les sultanes.

Je me flatte que vous ne leur ressemblerez pas, et que vous serez un vrai Ouloug. J'espère que, quand vous serez
40 lasse des conversations générales, qui ressemblent assez aux *Mille et Un*, à cela près qu'elles sont moins amusantes, je pourrai trouver une minute pour avoir l'honneur de

---

1. **Discernement :** faculté de bien juger.
2. **Des traits de la médisance :** en français moderne, on dirait volontiers « aux traits de la médisance ».
3. **Chaldéen :** langue ancienne de la Chaldée, région qui abrita les Babyloniens (626-539 av. J.-C.), autre désignation pour la basse Mésopotamie (région occidentale du golfe Arabo-Persique).
4. **Ouloug-beg :** sultan qui régna de 1416 à 1449, pris pour modèle du souverain éclairé, du prince féru de philosophie.
5. ***Mille et Une Nuits :*** la traduction de Jean Galland commença de paraître en 1704 et suscita de nombreux pastiches.

vous parler raison. Si vous aviez été Thalestris[1] du temps de Scander, fils de Philippe, si vous aviez été la reine de Sabée[2], du temps de Soleiman, c'eussent été ces rois qui auraient fait le voyage. 45

Je prie les Vertus célestes que vos plaisirs soient sans mélange[3], votre beauté durable, et votre bonheur sans fin.

SADI.

---

1. **Thalestris :** reine des Amazones qui proposa à Alexandre le Grand (Scander) de l'épouser. Les Amazones, femmes guerrières de la mythologie grecque, se brûlaient un sein pour mieux tirer à l'arc.
2. **Sabée :** reine de Saba qui vint en Palestine rencontrer le roi Salomon (Soleiman), reconnu pour sa sagesse légendaire.
3. **Sans mélange :** purs.

Clefs d'analyse

Approbation – Épître.

Compréhension

Le début de l'œuvre

- Définir les termes désignant le préambule au conte : « épître dédicatoire » et « approbation ».
- Relever les motifs parodiques qui font de ces étapes obligées un morceau d'ironie : figures de style (ex. : « charme des prunelles », p. 23), exagération comique (ex. : « qui me suis fait passer pour savant »).

Les destinataires de l'adresse initiale

- Relever les procédés rhétoriques de l'éloge et de l'hommage.
- Chercher l'ensemble des éléments qui inscrivent d'emblée le conte dans le cadre de la fiction orientale.

Réflexion

L'humour, la parodie, l'ironie

- Analyser les trois modalités du comique dans ces préambules (figures de l'humour, de l'ironie et effets parodiques).
- Élaborer quelques règles poétiques que le conte semble proposer.

Un début programmatique

- Expliquer tout ce qui, dans ces préambules, annonce la leçon anti-dogmatique de *Zadig*.

À retenir :

*Les préambules de l'*Épître dédicatoire *et de l'*Approbation *constituent des topiques de la* captatio benevolentiae*, c'est-à-dire des passages obligés qui cherchent à séduire le lecteur pour bien le disposer avant la lecture. Ils ressortissent à la rhétorique de l'éloge et à la flatterie, dont Voltaire s'amuse en la parodiant. De ce fait, la tonalité de ces « avant-textes » (notion définie par Gérard Genette) annonce elle-même la poétique du conte et sa philosophie légère, anti-dogmatique.*

CHAPITRE I
Le Borgne

DU TEMPS du roi Moabdar[1], il y avait à Babylone[2] un jeune homme nommé Zadig, né avec un beau naturel fortifié par l'éducation. Quoique riche et jeune, il savait modérer ses passions ; il n'affectait rien[3] ; il ne voulait point toujours avoir raison, et savait respecter la faiblesse des hommes. On était étonné de voir qu'avec beaucoup d'esprit il n'insultât jamais par des railleries à ces propos si vagues, si rompus[4], si tumultueux, à ces médisances téméraires, à ces décisions ignorantes, à ces turlupinades[5] grossières, à ce vain bruit de paroles, qu'on appelait *conversation*[6] dans Babylone. Il avait appris, dans le premier livre de Zoroastre[7], que l'amour-propre est un ballon gonflé de vent, dont il sort des tempêtes quand on lui a fait une piqûre. Zadig surtout ne se vantait pas de mépriser les femmes et de les subjuguer[8]. Il était généreux : il ne craignait point d'obliger[9] des ingrats, suivant ce grand précepte de Zoroastre : *Quand tu manges, donne à manger aux chiens, dussent-ils te mordre.* Il était aussi sage qu'on peut l'être, car il cherchait à vivre avec des sages. Instruit dans les sciences des anciens Chaldéens[10],

---

1. **Moabdar :** mot inventé par Voltaire à partir de *Moab*, pays proche de la Palestine.
2. **Babylone :** capitale de l'antique Chaldée, puis de la Perse, fondée à la fin du IIIᵉ millénaire av. J.-C.
3. **Il n'affectait rien :** il n'avait pas d'ambition démesurée.
4. **Rompus :** décousus, sans cohérence.
5. **Turlupinades :** amusements grossiers, plaisanteries douteuses. Mot formé à partir du nom d'un acteur de farces du XVIIᵉ siècle, Turlupin.
6. **Conversation :** emploi ironique des italiques.
7. **Zoroastre :** autre nom de Zarathoustra, prophète et réformateur religieux perse du VIIᵉ siècle av. J.-C.
8. **Subjuguer :** « mettre sous son joug », en son pouvoir.
9. **Obliger :** faire plaisir.
10. **Chaldéens :** les Babyloniens, réputés pour leur science astronomique, eurent l'intuition du système planétaire tel que nous nous le représentons depuis Copernic.

20 il n'ignorait pas les principes physiques de la nature tels qu'on les connaissait alors, et savait de la métaphysique[1] ce qu'on en a su dans tous les âges, c'est-à-dire fort peu de chose. Il était fermement persuadé que l'année était de trois cent soixante et cinq jours et un quart, malgré la nouvelle

25 philosophie de son temps[2], et que le soleil était au centre du monde ; et quand les principaux mages[3] lui disaient, avec une hauteur insultante, qu'il avait de mauvais sentiments, et que c'était être ennemi de l'État que de croire que le soleil tournait sur lui-même et que l'année avait douze mois, il se

30 taisait sans colère et sans dédain.

Zadig, avec de grandes richesses, et par conséquent avec des amis, ayant de la santé, une figure aimable, un esprit juste et modéré, un cœur sincère et noble, crut qu'il pouvait être heureux. Il devait se marier à Sémire,

35 que sa beauté, sa naissance et sa fortune rendaient le premier parti de Babylone. Il avait pour elle un attachement solide et vertueux, et Sémire[4] l'aimait avec passion. Ils touchaient au moment fortuné qui allait les unir, lorsque, se promenant ensemble vers une porte de Baby-

40 lone, sous les palmiers qui ornaient le rivage de l'Euphrate[5], ils virent venir à eux des hommes armés de sabres et de flèches. C'étaient les satellites[6] du jeune

---

1. **Métaphysique** : domaine de la philosophie qui étudie l'origine et les causes échappant à l'analyse physique des choses. Elle s'attache au sens de l'existence, à l'essence des êtres et des choses ou encore à Dieu et au temps.

2. **Nouvelle philosophie de son temps** : allusion au système géocentrique de Ptolémée (astronome du IIe siècle av. J.-C.), qui fit autorité jusqu'au XVIe siècle, selon lequel la Terre était immobile au centre de l'Univers. Zadig croit donc l'inverse, c'est dire qu'il raisonne selon l'héliocentrisme démontré par Galilée, qui pose le soleil comme centre de l'Univers, tournant sur lui-même et non autour de la Terre.

3. **Mages** : prêtres de la religion de Zoroastre.

4. **Sémire** : nom francisé de *Sémiramis*, figure de l'infidélité féminine.

5. **Euphrate** : fleuve d'Asie traversant Babylone.

6. **Satellites** : gardes du corps (sens classique).

Orcan[1], neveu d'un ministre, à qui les courtisans de son oncle avaient fait accroire que tout lui était permis. Il n'avait aucune des grâces ni des vertus de Zadig ; mais, croyant valoir beaucoup mieux, il était désespéré de n'être pas préféré. Cette jalousie, qui ne venait que de sa vanité, lui fit penser qu'il aimait éperdument Sémire. Il voulait l'enlever. Les ravisseurs la saisirent, et dans les emportements de leur violence ils la blessèrent, et firent couler le sang d'une personne dont la vue aurait attendri les tigres du mont Imaüs[2]. Elle perçait le ciel de ses plaintes. Elle s'écriait : « Mon cher époux ! on m'arrache à ce que j'adore ! » Elle n'était point occupée de son danger : elle ne pensait qu'à son cher Zadig. Celui-ci, dans le même temps, la défendait avec toute la force que donnent la valeur et l'amour. Aidé seulement de deux esclaves, il mit les ravisseurs en fuite et ramena chez elle Sémire, évanouie et sanglante, qui en ouvrant les yeux vit son libérateur. Elle lui dit : « Ô Zadig ! je vous aimais comme mon époux ; je vous aime comme celui à qui je dois l'honneur et la vie. » Jamais il n'y eut un cœur plus pénétré que celui de Sémire. Jamais bouche plus ravissante n'exprima des sentiments plus touchants par ces paroles de feu qu'inspirent le sentiment du plus grand des bienfaits et le transport[3] le plus tendre de l'amour le plus légitime. Sa blessure était légère, elle guérit bientôt. Zadig était blessé plus dangereusement ; un coup de flèche reçu près de l'œil lui avait fait une plaie profonde. Sémire ne demandait aux dieux que la guérison de son amant. Ses yeux étaient nuit et jour baignés de larmes : elle attendait le moment où ceux de Zadig pourraient jouir de ses regards ; mais un abcès survenu à l'œil blessé fit tout craindre. On envoya

---

1. **Orcan :** quasi-anagramme de Rohan, chevalier avec lequel Voltaire eut de sérieux démêlés qui conduisirent, entre autres, à son exil en Angleterre.
2. **Mont Imaüs :** l'Himalaya.
3. **Transport :** mouvement passionné.

75 jusqu'à Memphis[1] chercher le grand médecin Hermès[2],
qui vint avec un nombreux cortège. Il visita le malade,
et déclara qu'il perdrait l'œil ; il prédit même le jour et
l'heure où ce funeste accident devait arriver. « Si c'eût
été l'œil droit, dit-il, je l'aurais guéri ; mais les plaies de
80 l'œil gauche sont incurables. » Tout Babylone, en plaignant
la destinée de Zadig, admira la profondeur de la science
d'Hermès. Deux jours après, l'abcès perça de lui-même,
Zadig fut guéri parfaitement. Hermès écrivit un livre où
il lui prouva qu'il n'avait pas dû[3] guérir. Zadig ne le lut
85 point ; mais, dès qu'il put sortir, il se prépara à rendre
visite à celle qui faisait l'espérance du bonheur de sa vie
et pour qui seule il voulait avoir des yeux. Sémire était à
la campagne depuis trois jours. Il apprit en chemin que
cette belle dame, ayant déclaré hautement qu'elle avait
90 une aversion insurmontable pour les borgnes, venait de
se marier à Orcan la nuit même. À cette nouvelle, il
tomba sans connaissance ; sa douleur le mit au bord du
tombeau ; il fut longtemps malade ; mais enfin la raison
l'emporta sur son affliction, et l'atrocité de ce qu'il
95 éprouvait servit même à le consoler.

« Puisque j'ai essuyé, dit-il, un si cruel caprice d'une fille
élevée à la cour, il faut que j'épouse une citoyenne[4]. » Il
choisit Azora[5], la plus sage et la mieux née de la ville ; il
l'épousa et vécut un mois avec elle dans les douceurs de
100 l'union la plus tendre. Seulement il remarquait en elle un
peu de légèreté et beaucoup de penchant à trouver toujours que les jeunes gens les mieux faits étaient ceux qui
avaient le plus d'esprit et de vertu.

---

1. **Memphis** : capitale de l'ancienne Égypte.
2. **Hermès :** Hermès, figure de la mythologie grecque, inventeur des
   sciences et détenteur des secrets de la nature, possédant ainsi le
   pouvoir de guérison. Les Grecs l'ont assimilé au dieu égyptien Thot,
   que les Perses considérèrent comme l'inventeur de la médecine.
3. **N'avait pas dû :** n'aurait pas dû (latinisme).
4. **Citoyenne** : citadine, bourgeoise.
5. **Azora :** nom qui signifie « brillante » en arabe.

Panneau de céramique d'un pavillon de jardin
du palais royal d'Ispahan, en Perse, XVIIe.

CHAPITRE II
Le Nez[1]

UN JOUR Azora revint d'une promenade tout en colère et faisant de grandes exclamations. « Qu'avez-vous, lui dit-il, ma chère épouse ? qui vous peut mettre ainsi hors de vous-même ? – Hélas ! dit-elle, vous seriez indigné
5 comme moi, si vous aviez vu le spectacle dont je viens d'être témoin. J'ai été consoler la jeune veuve Cosrou, qui vient d'élever depuis deux jours un tombeau à son jeune époux auprès du ruisseau qui borde cette prairie. Elle a promis aux dieux, dans sa douleur, de demeurer auprès
10 de ce tombeau, tant que l'eau de ce ruisseau coulerait auprès. – Eh bien, dit Zadig, voilà une femme estimable, qui aimait véritablement son mari ! – Ah ! reprit Azora, si vous saviez à quoi elle s'occupait quand je lui ai rendu visite ! – À quoi donc, belle Azora ? Elle faisait détourner
15 le ruisseau. » Azora se répandit en des invectives si longues, éclata en reproches si violents contre la jeune veuve, que ce faste[2] de vertu ne plut pas à Zadig.

Il avait un ami, nommé Cador[3], qui était un de ces jeunes gens à qui sa femme trouvait plus de probité et de
20 mérite qu'aux autres : il le mit dans sa confidence et s'assura, autant qu'il le pouvait, de sa fidélité par un présent considérable. Azora, ayant passé deux jours chez une de ses amies à la campagne, revint le troisième jour à la maison. Des domestiques en pleurs lui annoncèrent que
25 son mari était mort subitement la nuit même, qu'on n'avait pas osé lui porter cette funeste nouvelle, et qu'on venait d'ensevelir Zadig dans le tombeau de ses pères, au bout du jardin. Elle pleura, s'arracha les cheveux, et jura de mourir. Le soir, Cador lui demanda la permission de lui parler, et ils

---

1. **Le Nez :** chapitre s'inspirant d'une histoire du *Satiricon* de Pétrone (« La Matrone d'Éphèse »), reprise par La Fontaine (*Fables*, VI, 21).
2. **Faste :** excès.
3. **Cador :** vient de l'arabe *Kaddour*, le tout-puissant.

pleurèrent tous deux. Le lendemain, ils pleurèrent moins, et dînèrent ensemble. Cador lui confia que son ami lui avait laissé la plus grande partie de son bien, et lui fit entendre qu'il mettrait son bonheur à partager sa fortune avec elle. La dame pleura, se fâcha, s'adoucit ; le souper[1] fut plus long que le dîner[2] ; on se parla avec plus de confiance : Azora fit l'éloge du défunt ; mais elle avoua qu'il avait des défauts dont Cador était exempt.

Au milieu du souper, Cador se plaignit d'un mal de rate violent ; la dame, inquiète et empressée, fit apporter toutes les essences dont elle se parfumait, pour essayer s'il n'y en avait pas quelqu'une qui fût bonne pour le mal de rate ; elle regretta beaucoup que le grand Hermès ne fût pas encore à Babylone ; elle daigna même toucher le côté où Cador sentait de si vives douleurs. « Êtes-vous sujet à cette cruelle maladie ? lui dit-elle avec compassion. – Elle me met quelquefois au bord du tombeau, lui répondit Cador, et il n'y a qu'un seul remède qui puisse me soulager : c'est de m'appliquer sur le côté le nez d'un homme mort la veille. – Voilà un étrange remède, dit Azora. – Pas plus étrange, répondit-il, que les sachets du sieur Arnou contre l'apoplexie[3]. » Cette raison, jointe à l'extrême mérite du jeune homme, détermina enfin la dame. « Après tout, dit-elle, quand mon mari passera du monde d'hier dans le monde du lendemain sur le pont Tchinavar[4], l'ange Asraël[5] lui accordera-t-il moins de passage, parce que son nez sera un peu moins long dans la seconde vie que dans la

---

1. **Souper :** repas du soir au XVIIIe siècle.
2. **Dîner :** repas de la mi-journée.
3. **Les sachets du sieur Arnou contre l'apoplexie :** du temps de Voltaire, un droguiste nommé Arnoult fit réclame pour un remède miracle contre l'apoplexie (perte de connaissance).
4. **Tchinavar :** pont devant lequel les âmes des morts étaient jugées. Selon la doctrine de Zoroastre, seules les âmes des justes pouvaient l'emprunter. Il les conduisait vers l'éternité bienheureuse.
5. **Asraël :** Voltaire mélange les mythologies. Asraël est l'ange qui sépare les âmes du corps dans l'islam.

première ? » Elle prit donc un rasoir ; elle alla au tombeau de son époux, l'arrosa de ses larmes, et s'approcha pour couper le nez à Zadig, qu'elle trouva tout étendu dans la tombe. Zadig se relève en tenant son nez d'une main et arrêtant le rasoir de l'autre. « Madame, lui dit-il, ne criez plus tant contre la jeune Cosrou ; le projet de me couper le nez vaut bien celui de détourner un ruisseau. »

Lithographie de Jean-Michel Moreau.

CHAPITRE III
Le Chien et Le Cheval

ZADIG éprouva que le premier mois du mariage, comme il est écrit dans le livre du *Zend*[1]*,* est la lune du miel, et que le second est la lune de l'absinthe[2]. Il fut quelque temps après obligé de répudier Azora, qui était devenue trop difficile à vivre, et il chercha son bonheur dans l'étude de la nature. « Rien n'est plus heureux, disait-il, qu'un philosophe qui lit dans ce grand livre que Dieu a mis sous nos yeux. Les vérités qu'il découvre sont à lui ; il nourrit et il élève son âme ; il vit tranquille ; il ne craint rien des hommes, et sa tendre épouse ne vient point lui couper le nez. »

Plein de ces idées, il se retira dans une maison de campagne sur les bords de l'Euphrate. Là il ne s'occupait pas à calculer combien de pouces[3] d'eau coulaient en une seconde sous les arches d'un pont, ou s'il tombait une ligne cube[4] de pluie dans le mois de la souris plus que dans le mois du mouton[5]. Il n'imaginait point de faire de la soie avec des toiles d'araignée, ni de la porcelaine avec des bouteilles cassées[6] ; mais il étudia surtout les propriétés des animaux et des plantes, et il acquit bientôt une sagacité qui lui découvrait mille différences où les autres hommes ne voient rien que d'uniforme.

---

1. **Livre du Zend :** livre saint de la religion de Zoroastre.
2. **Absinthe :** alcool fort et amer.
3. **Pouces :** mesure de longueur valant environ 27 mm. Voltaire moque ici et ensuite la minutie des travaux inutiles de son siècle.
4. **Ligne cube :** 2,25 mm³ environ.
5. **Mois du mouton :** travestissement ironique du zodiaque chinois qui associe un mois à un animal.
6. **Bouteilles cassées :** autres allusions satiriques à l'actualité ; la soie et la porcelaine importées étant un luxe, Bon de Saint Hilaire voulut faire de la soie avec des toiles d'araignée et Réaumur tenta d'obtenir de la porcelaine à partir du verre.

Chapitre III - Le Chien et Le Cheval

Un jour, se promenant auprès d'un petit bois, il vit accourir à lui un eunuque[1] de la reine, suivi de plusieurs officiers qui paraissaient dans la plus grande inquiétude, et
25 qui couraient çà et là, comme des hommes égarés qui cherchent ce qu'ils ont perdu de plus précieux. « Jeune homme, lui dit le premier eunuque, n'avez-vous point vu le chien de la reine ? » Zadig répondit modestement : « C'est une chienne, et non pas un chien. – Vous avez rai-
30 son, reprit le premier eunuque. – C'est une épagneule très petite, ajouta Zadig. Elle a fait depuis peu des chiens ; elle boite du pied gauche de devant, et elle a les oreilles très longues. – Vous l'avez donc vue ? dit le premier eunuque tout essoufflé. – Non, répondit Zadig, je ne l'ai jamais vue,
35 et je n'ai jamais su si la reine avait une chienne. »

Précisément dans le même temps, par une bizarrerie ordinaire de la fortune[2], le plus beau cheval de l'écurie du roi s'était échappé des mains d'un palefrenier dans les plaines de Babylone. Le grand veneur et tous les autres
40 officiers couraient après lui avec autant d'inquiétude que le premier eunuque après la chienne. Le grand veneur[3] s'adressa à Zadig et lui demanda s'il n'avait point vu passer le cheval du roi. « C'est, répondit Zadig, le cheval qui galope le mieux. Il a cinq pieds[4] de haut, le sabot
45 fort petit ; il porte une queue de trois pieds et demi de long ; les bossettes[5] de son mors sont d'or à vingt-trois carats ; ses fers sont d'argent à onze deniers[6]. – Quel chemin a-t-il pris ? où est-il ? demanda le grand veneur. – Je ne l'ai point vu, répondit Zadig, et je n'en ai jamais
50 entendu parler. »

---

1. **Eunuque :** homme castré gardant les femmes du harem.
2. **Fortune :** le sort, le hasard.
3. **Grand veneur :** officier royal chargé de la chasse.
4. **Cinq pieds :** un pied vaut environ 33 cm. Cela équivaut donc à environ 1,65 m.
5. **Bossettes :** ornements latéraux du mors.
6. **Onze deniers :** argent quasiment pur.

Chapitre III - Le Chien et Le Cheval

Le grand veneur et le premier eunuque ne doutèrent pas que Zadig n'eût volé le cheval du roi et la chienne de la reine ; ils le firent conduire devant l'assemblée du grand desterham[1], qui le condamna au knout[2] et à passer le reste de ses jours en Sibérie[3]. À peine le jugement fut-il rendu qu'on retrouva le cheval et la chienne. Les juges furent dans la douloureuse nécessité de réformer leur arrêt[4]. Mais ils condamnèrent Zadig à payer quatre cents onces d'or[5] pour avoir dit qu'il n'avait point vu ce qu'il avait vu. Il fallut d'abord payer cette amende ; après quoi il fut permis à Zadig de plaider sa cause au conseil du grand desterham ; il parla en ces termes :

« Étoiles de justice, abîmes de science, miroirs de vérité, qui avez la pesanteur du plomb, la dureté du fer, l'éclat du diamant et beaucoup d'affinité avec l'or ! Puisqu'il m'est permis de parler devant cette auguste assemblée, je vous jure par Orosmade[6] que je n'ai jamais vu la chienne respectable de la reine, ni le cheval sacré du roi des rois. Voici ce qui m'est arrivé. Je me promenais vers le petit bois, où j'ai rencontré depuis le vénérable eunuque et le très illustre grand veneur. J'ai vu sur le sable les traces d'un animal, et j'ai jugé aisément que c'étaient celles d'un petit chien. Des sillons légers et longs, imprimés sur de petites éminences de sable entre les traces des pattes, m'ont fait connaître que c'était une chienne dont les mamelles étaient pendantes, et qu'ainsi elle avait fait des petits il y a peu de jours. D'autres traces en un sens différent, qui paraissaient toujours avoir rasé la surface du sable à côté des pattes de devant, m'ont appris qu'elle avait les oreilles

---

1. **Desterham :** altération de *Delterham*, grand trésorier de l'État.
2. **Knout :** terme russe désignant le fouet.
3. **Sibérie :** symbole du châtiment des plus rudes au XVIIIe siècle.
4. **Arrêt :** jugement.
5. **Quatre cents onces d'or :** environ 12,5 kg.
6. **Orosmade :** vient de *Ormuzd*, principe du bien dans la religion de Zoroastre.

80 très longues ; comme j'ai remarqué que le sable était toujours moins creusé par une patte que par trois autres, j'ai compris que la chienne de notre auguste reine était un peu boiteuse, si je l'ose dire.

« À l'égard du cheval du roi des rois[1], vous saurez que,
85 me promenant dans les routes de ce bois, j'ai aperçu les marques des fers d'un cheval ; elles étaient toutes à égales distances. "Voilà, ai-je dit, un cheval qui a un galop parfait." La poussière des arbres, dans une route étroite qui n'a que sept pieds de large, était un peu enlevée à droite et à
90 gauche, à trois pieds et demi du milieu de la route. "Ce cheval, ai-je dit, a une queue de trois pieds et demi, qui, par ses mouvements de droite et de gauche, a balayé cette poussière." J'ai vu sous les arbres, qui formaient un berceau de cinq pieds de haut, les feuilles des branches nouvelle-
95 ment tombées, et j'ai connu que ce cheval y avait touché, et qu'ainsi il avait cinq pieds de haut. Quant à son mors, il doit être d'or à vingt-trois carats, car il en a frotté les bossettes contre une pierre que j'ai reconnue être une pierre de touche[2] et dont j'ai fait l'essai. J'ai jugé enfin, par
100 les marques que ses fers ont laissées sur des cailloux d'une autre espèce, qu'il était ferré d'argent à onze deniers de fin[3]. »

Tous les juges admirèrent le profond et subtil discernement de Zadig ; la nouvelle en vint jusqu'au roi et à la
105 reine. On ne parlait que de Zadig dans les antichambres, dans la chambre et dans le cabinet[4] ; et, quoique plusieurs mages opinassent qu'on devait le brûler comme sorcier, le roi ordonna qu'on lui rendît l'amende des quatre cents onces d'or à laquelle il avait été condamné. Le greffier, les

---

1. **Roi des rois :** génitif grec équivalant à un superlatif (le plus grand des rois). Titre que les Grecs donnaient au roi de Perse.
2. **Pierre de touche :** pierre dont on usait pour vérifier la qualité d'un métal précieux.
3. **Fin :** métal pur.
4. **Cabinet :** lieu où le roi travaille.

huissiers, les procureurs, vinrent chez lui en grand   110
appareil[1] lui rapporter ses quatre cents onces ; ils en
retinrent seulement trois cent quatre-vingt-dix-huit pour les
frais de justice, et leurs valets demandèrent des honoraires.

Zadig vit combien il était dangereux quelquefois d'être
trop savant, et se promit bien, à la première occasion, de   115
ne point dire ce qu'il avait vu.

Cette occasion se trouva bientôt. Un prisonnier d'État
s'échappa ; il passa sous les fenêtres de sa maison. On
interrogea Zadig, il ne répondit rien ; mais on lui prouva
qu'il avait regardé par la fenêtre. Il fut condamné pour ce   120
crime à cinq cents onces d'or, et il remercia ses juges de
leur indulgence, selon la coutume de Babylone. « Grand
Dieu ! dit-il en lui-même, qu'on est à plaindre quand on se
promène dans un bois où la chienne de la reine et le
cheval du roi ont passé ! qu'il est dangereux de se mettre à   125
la fenêtre ! et qu'il est difficile d'être heureux dans cette
vie ! »

---

1. **En grand appareil :** en grande pompe.

CHAPITRE IV
L'Envieux

ZADIG voulut se consoler, par la philosophie et par l'amitié, des maux que lui avait faits la fortune. Il avait, dans un faubourg de Babylone, une maison ornée avec goût, où il rassemblait tous les arts et tous les plaisirs dignes
5 d'un honnête homme[1]. Le matin, sa bibliothèque était ouverte à tous les savants ; le soir, sa table l'était à la bonne compagnie ; mais il connut bientôt combien les savants sont dangereux. Il s'éleva une grande dispute[2] sur une loi de Zoroastre qui défendait de manger du griffon.
10 « Comment défendre le griffon[3], disaient les uns, si cet animal n'existe pas ? – Il faut bien qu'il existe, disaient les autres, puisque Zoroastre ne veut pas qu'on en mange. » Zadig voulut les accorder, en leur disant : « S'il y a des griffons, n'en mangeons point ; s'il n'y en a point, nous en
15 mangerons encore moins, et par là nous obéirons tous à Zoroastre. »

Un savant, qui avait composé treize volumes sur les propriétés du griffon, et qui de plus était grand théurgite[4], se hâta d'aller accuser Zadig devant un archimage[5]
20 nommé Yébor[6], le plus sot des Chaldéens, et partant le plus fanatique. Cet homme aurait fait empaler Zadig pour la plus grande gloire du soleil, et en aurait récité le bréviaire[7] de Zoroastre d'un ton plus satisfait. L'ami Cador (un

---

1. **Honnête homme :** idéal classique de morale et d'esprit.
2. **Dispute :** polémique entre savants.
3. **Griffon :** animal du bestiaire fabuleux, moitié aigle, moitié lion.
4. **Théurgite :** magicien communiquant avec les esprits. Désigne par dérision un théologien.
5. **Archimage :** archiprêtre.
6. **Yébor :** anagramme de l'évêque de Mirepoix, Boyer, qui s'opposa à la candidature de Voltaire à l'Académie française en 1746.
7. **Bréviaire :** livre de prières.

ami vaut mieux que cent prêtres) alla trouver le vieux
Yébor, et lui dit : « Vivent le soleil et les griffons ! gardez-   25
vous bien de punir Zadig : c'est un saint ; il a des griffons
dans sa basse-cour, et il n'en mange point ; et son accusa-
teur est un hérétique[1] qui ose soutenir que les lapins ont
le pied fendu[2] et ne sont point immondes[3]. – Eh bien, dit
Yébor en branlant sa tête chauve, il faut empaler Zadig   30
pour avoir mal pensé des griffons, et l'autre pour avoir mal
parlé des lapins. » Cador apaisa l'affaire par le moyen
d'une fille d'honneur[4] à laquelle il avait fait un enfant, et
qui avait beaucoup de crédit dans le collège[5] des mages.
Personne ne fut empalé ; de quoi plusieurs docteurs[6]   35
murmurèrent, et en présagèrent la décadence de Babylone. Zadig s'écria : « À quoi tient le bonheur ! tout me
persécute dans ce monde, jusqu'aux êtres qui n'existent
pas. » Il maudit les savants, et ne voulut plus vivre qu'en
bonne compagnie.   40

Il rassemblait chez lui les plus honnêtes gens de Babylone et les dames les plus aimables ; il donnait des soupers
délicats, souvent précédés de concerts, et animés par des
conversations charmantes dont il avait su bannir
l'empressement de montrer de l'esprit, qui est la plus sûre   45
manière de n'en point avoir et de gâter la société la plus
brillante. Ni le choix de ses amis ni celui des mets n'étaient
faits par la vanité : car en tout il préférait l'être au paraître,
et par là il s'attirait la considération véritable, à laquelle il
ne prétendait pas.   50

---

1. **Hérétique :** se dit de celui qui ne respecte pas les lois religieuses.
2. **Le pied fendu :** allusion à la loi juive énoncée dans le Deutéronome,
   livre de l'Ancien Testament, interdisant la consommation d'animaux
   n'ayant pas le pied fendu.
3. **Immondes :** impurs, donc sous le coup de l'interdit alimentaire.
4. **Fille d'honneur :** jeune fille au service de la reine. Cette terminologie s'applique à la cour de France.
5. **Collège :** assemblée.
6. **Docteurs :** savants.

Chapitre IV - L'Envieux

Vis-à-vis sa maison demeurait Arimaze[1], personnage dont la méchante âme était peinte sur sa grossière physionomie. Il était rongé de fiel[2] et bouffi d'orgueil ; et, pour comble, c'était un bel esprit ennuyeux. N'ayant
55 jamais pu réussir dans le monde, il se vengeait par en médire[3]. Tout riche qu'il était, il avait de la peine à rassembler chez lui des flatteurs. Le bruit des chars qui entraient le soir chez Zadig l'importunait, le bruit de ses louanges l'irritait davantage. Il allait quelquefois chez
60 Zadig, et se mettait à table sans être prié : il y corrompait toute la joie de la société, comme on dit que les Harpies[4] infectent les viandes[5] qu'elles touchent. Il lui arriva un jour de vouloir donner une fête à une dame qui, au lieu de la recevoir, alla souper chez Zadig. Un autre jour, cau-
65 sant avec lui dans le palais, ils abordèrent un ministre, qui pria Zadig à souper, et ne pria point Arimaze. Les plus implacables haines n'ont pas souvent des fondements plus importants. Cet homme, qu'on appelait l'Envieux dans Babylone, voulut perdre Zadig parce qu'on l'appelait
70 l'Heureux. L'occasion de faire du mal se trouve cent fois par jour, et celle de faire du bien une fois dans l'année, comme dit Zoroastre[6].

L'Envieux alla chez Zadig, qui se promenait dans ses jardins avec deux amis et une dame, à laquelle il disait
75 souvent des choses galantes, sans autre intention que celle de les dire. La conversation roulait sur une guerre que le roi venait de terminer heureusement contre le prince

---

1. **Arimaze :** nom formé à partir de *Ahriman*, principe du mal dans la religion de Zoroastre.
2. **Fiel :** amertume.
3. **Par en médire :** en en médisant.
4. **Harpies :** femmes monstrueuses de la mythologie grecque dont le corps était celui d'un vautour.
5. **Viandes :** emploi ancien qui désigne la nourriture en général.
6. **Zoroastre :** référence ironique à un proverbe en fait inventé par Voltaire lui-même.

42

d'Hyrcanie[1], son vassal. Zadig, qui avait signalé son courage dans cette courte guerre, louait beaucoup le roi, et encore plus la dame. Il prit ses tablettes[2], et écrivit quatre vers qu'il fit sur-le-champ et qu'il donna à lire à cette belle personne. Ses amis le prièrent de leur en faire part : la modestie, ou plutôt un amour-propre bien entendu[3], l'en empêcha. Il savait que des vers impromptus[4] ne sont jamais bons que pour celle en l'honneur de qui ils sont faits : il brisa en deux la feuille des tablettes sur laquelle il venait d'écrire, et jeta les deux moitiés dans un buisson de roses où on les chercha inutilement. Une petite pluie survint, on regagna la maison. L'Envieux, qui resta dans le jardin, chercha tant qu'il trouva un morceau de la feuille. Elle avait été tellement rompue[5] que chaque moitié de vers qui remplissait la ligne faisait un sens, et même un vers d'une plus petite mesure ; mais, par un hasard encore plus étrange, ces petits vers se trouvaient former un sens qui contenait les injures les plus horribles contre le roi. On y lisait :

Par les plus grands forfaits
Sur le trône affermi,
Dans la publique paix
C'est le seul ennemi.

L'Envieux fut heureux pour la première fois de sa vie. Il avait entre les mains de quoi perdre un homme vertueux et aimable. Plein de cette cruelle joie, il fit parvenir jusqu'au roi cette satire[6] écrite de la main de Zadig : on

---

1. **Hyrcanie :** région au sud de la mer Caspienne. Ce soulèvement se fit contre le roi Moabdar.
2. **Tablettes :** support sur lequel on consignait ses écritures à l'aide d'un poinçon.
3. **Bien entendu :** contenu dans des limites raisonnables.
4. **Impromptus :** improvisés.
5. **Rompue :** déchirée.
6. **Satire :** écrit qui tourne en dérision, critique par moquerie une cible choisie.

le fit mettre en prison, lui, ses deux amis et la dame. Son
105 procès lui fut bientôt fait, sans qu'on daignât l'entendre.
Lorsqu'il vint recevoir sa sentence, l'Envieux se trouva
sur son passage, et lui dit tout haut que ses vers ne valaient rien. Zadig ne se piquait pas d'être bon poète ; mais
il était au désespoir d'être condamné comme criminel de
110 lèse-majesté[1] et de voir qu'on retînt en prison une belle
dame et deux amis pour un crime qu'il n'avait pas fait.
On ne lui permit pas de parler, parce que ses tablettes
parlaient. Telle était la loi de Babylone. On le fit donc
aller au supplice à travers une foule de curieux, dont
115 aucun n'osait le plaindre, et qui se précipitaient pour
examiner son visage et pour voir s'il mourrait avec
bonne grâce. Ses parents seulement étaient affligés, car
ils n'héritaient pas. Les trois quarts de son bien étaient
confisqués au profit du roi, et l'autre quart au profit de
120 l'Envieux.

Dans le temps qu'il se préparait à la mort, le perroquet du roi s'envola de son balcon, et s'abattit dans le
jardin de Zadig sur un buisson de roses. Une pêche y
avait été portée d'un arbre voisin par le vent : elle était
125 tombée sur un morceau de tablette à écrire auquel elle
s'était collée. L'oiseau enleva la pêche et la tablette, et
les porta sur les genoux du monarque. Le prince,
curieux, y lut des mots qui ne formaient aucun sens, et
qui paraissaient des fins de vers. Il aimait la poésie, et il
130 y a toujours de la ressource avec les princes qui aiment
les vers : l'aventure de son perroquet le fit rêver[2]. La
reine, qui se souvenait de ce qui avait été écrit sur une
pièce de la tablette de Zadig, se la fit apporter. On
confronta les deux morceaux, qui s'ajustaient ensemble
135 parfaitement ; on lut alors les vers tels que Zadig les
avait faits :

---

1. **Criminel de lèse-majesté :** se dit de celui qui porte atteinte à la
gloire royale.
2. **Rêver :** réfléchir.

Par les plus grands forfaits j'ai vu troubler la terre.
Sur le trône affermi, le roi sait tout dompter.
Dans la publique paix l'amour seul fait la guerre :
C'est le seul ennemi qui soit à redouter.   140

Le roi ordonna aussitôt qu'on fît venir Zadig devant lui, et qu'on fît sortir de prison ses deux amis et la belle dame. Zadig se jeta le visage contre terre aux pieds du roi et de la reine : il leur demanda très humblement pardon d'avoir fait de mauvais vers ; il parla avec tant de grâce, 145 d'esprit et de raison que le roi et la reine voulurent le revoir. Il revint, et plut encore davantage. On lui donna tous les biens de l'Envieux qui l'avait injustement accusé ; mais Zadig les rendit tous, et l'Envieux ne fut touché que du plaisir de ne pas perdre son bien. L'estime 150 du roi s'accrut de jour en jour pour Zadig. Il le mettait de tous ses plaisirs et le consultait dans toutes ses affaires. La reine le regarda dès lors avec une complaisance qui pouvait devenir dangereuse pour elle, pour le roi son auguste époux, pour Zadig et pour le royaume. Zadig 155 commençait à croire qu'il n'est pas si difficile d'être heureux.

Clefs d'analyse

Chapitres I à IV.

Compréhension

Les titres et les chapitres

- Comparer les titres de chapitre à ceux d'un autre genre, bien illustré par La Fontaine.
- Chercher leur dimension morale ou amusante.
- Relever les titres qui font penser à une aventure initiatique.

La caractérisation du personnage de Zadig

- Chercher les éléments définissant le caractère du personnage de Zadig.
- Chercher la vertu que Zadig symbolise.

Réflexion

L'écriture du conte

- Analyser l'ensemble des détails qui apparentent le récit de Voltaire à un conte.

L'inconstance féminine et l'éducation sentimentale

- Expliquer la fonction des deux premiers chapitres dans l'éducation sentimentale de Zadig.
- Proposer un parallélisme entre le thème de l'inconstance féminine et le rôle des revers de fortune dans la destinée humaine.

À retenir :

Le début d'une œuvre propose toujours une caractérisation du personnage principal, ou héros, et le met en scène dans certaines difficultés qui éprouvent son intelligence et accusent son défaut d'expérience. Les premiers chapitres du conte campent l'ironie voltairienne, une poétique comique et ironique du genre (notez déjà la présence de la satire des institutions). Ils incarnent le moment de l'éducation sentimentale de Zadig, dans lequel le héros apprend que les femmes sont inconstantes (passion féminine typique).

Synthèse Chapitres I à IV

Héros et quête du bonheur

Personnages

Entre héros et antihéros

Le personnage de Zadig est ambivalent, car il est à la fois le héros éponyme de l'œuvre et l'incarnation de l'œil neuf, du naïf, à la manière de Candide, qui sert la satire voltairienne. On se retrouve donc avec un jeune héros doué de toutes les qualités, intelligent, mais totalement dépourvu d'expérience. C'est justement à travers ses échecs et ses malheurs que la leçon du conte va pouvoir surgir. D'une certaine manière, Zadig constitue un « antihéros » : il ne rencontre pas la gloire et les récompenses, mais se voit sans cesse privé de ce qu'il eût pu mériter, allant jusqu'à devenir esclave, condition dégradante et radicalement antithétique à tout héroïsme. En amour, l'échec est identique. On n'a pas un héros digne de sa Dame, récompensé de sa constance et de son courage par la fidélité féminine. Au contraire, l'antihéros connaît une expérience déceptive de l'amour et fait une bien triste éducation sentimentale. La récurrence des personnages féminins inconstants (Sémire, Azora, Astarté elle-même vis-à-vis de son époux...) plaide en ce sens. Le bonheur recherché par le héros semble toujours difficile et hors d'atteinte.

Il faut donc interpréter ce traitement antihéroïque du personnage principal, pourtant engagé dans la quête initiatique du bonheur. Voltaire s'interroge sur la destinée et ses aléas, sur les causes éventuelles du mal et du malheur. Il fallait donc un Zadig aux prises avec les difficultés de l'existence, avec l'injustice des institutions humaines et des revers de fortune. Zadig incarne à la fois le héros, son portrait emportant une certaine estime du lecteur, et l'antihéros, car il ne parvient pas à triompher des circonstances. Cette ambivalence montre la difficulté de la quête du bonheur, et qu'il ne suffit pas d'être héros, d'être méritant pour être heureux, mais que certains éléments du destin nous échappent. L'antihéros consacre l'ère du soupçon des récits où le refus de l'idéal s'impose. Alors que le héros traditionnel réaffirme dans son héroïsme des valeurs transcendantes et idéalistes, l'antihéros voltairien doute, propose le conte sceptique et ironique comme une réflexion sur la fragilité du bonheur humain.

Langage

Le conte philosophique
contre le discours religieux

Le XVIIIe siècle n'a cessé d'affranchir la morale du domaine religieux. La philosophie des Lumières s'est emparée des grandes questions métaphysiques jusque-là monopolisées par le discours religieux. Par opposition à un monde d'épreuves où le chrétien devait prouver sa foi et gagner le paradis et le bonheur hors de ce monde, la philosophie propose une lecture immanente du problème moral, dans des formes plus souples et souvent ludiques, comme le conte. Point de philosophe qui ne s'intéresse de près ou de loin au bonheur terrestre, à celui que se doit l'homme qui veut accomplir sa nature ici-bas et non dans l'au-delà. Cette idée, qui ne paraît pas aller de soi, suppose un changement considérable des mentalités, puisqu'à l'unique finalité divine est substituée celle du bonheur. Dans un ouvrage célèbre, Robert Mauzi (*L'Idée du bonheur au* XVIIIe *siècle*, Armand Colin, 1960) visait à montrer les enjeux moraux d'un tel renversement des perspectives.

Société

Le bonheur, une idée neuve

La nature de l'homme lui donne le droit et même parfois le devoir de se rendre heureux et de contribuer au bonheur de ses semblables, alors que du point de vue théologique, seul Dieu, sa Providence, sa Grâce, peut accorder le bonheur à

Synthèse

l'homme. *Zadig* impose la question au centre du récit : le héros du conte cherche le bonheur (les conclusions des chapitres IV et V reviennent toutes deux sur cette notion), c'est cette quête qui mène les aventures. En outre, *Zadig ou la Destinée* touche aux questions de la Providence : est-ce que Dieu veut et peut quelque chose sur nos vies ? Peut-il permettre ou empêcher notre bonheur ? Et, s'il en décide, comment agir pour qu'il nous incline au bonheur et non au malheur ?

Dans la dernière de ses *Lettres philosophiques* (1734), la vingt-cinquième, Voltaire rejette la posture pascalienne, janséniste, de l'existence, qui nous soumet entièrement au vouloir divin en imposant la théorie de la Grâce. Autrement dit, l'homme ne peut rien pour son bonheur, il est élu ou non par la Providence divine. Voltaire refuse de condamner les chances de bonheur sur cette terre et de tourner l'homme contre lui-même. Ainsi, chez Voltaire comme chez nombre de philosophes du temps, il y eut une forte réhabilitation des passions, de la sensibilité, de la raison (du bon sens, contre les préceptes dogmatiques de la religion), voire de l'amour-propre. La leçon de *Candide*, comme celle de *Zadig*, conduit à connaître davantage sa propre nature pour faire bon usage de soi et travailler à son bonheur propre, non en vertu de lois générales humaines, mais dans une recherche pleine de bon sens et d'humilité anti-métaphysique. Relisez la fin du *Candide* et méditez sur la signification du recours à l'image du jardin, véritable mythe d'Éden déchristianisé.

CHAPITRE V
Les Généreux

Le temps arriva où l'on célébrait une grande fête qui revenait tous les cinq ans. C'était la coutume à Babylone de déclarer solennellement, au bout de cinq années, celui des citoyens qui avait fait l'action la plus généreuse[1]. Les grands et les mages étaient les juges. Le premier satrape[2], chargé du soin de la ville, exposait les plus belles actions qui s'étaient passées sous son gouvernement. On allait aux voix[3] : le roi prononçait le jugement. On venait à cette solennité des extrémités de la terre. Le vainqueur recevait des mains du monarque une coupe d'or garnie de pierreries, et le roi lui disait ces paroles : *Recevez ce prix de la générosité, et puissent les dieux me donner beaucoup de sujets qui vous ressemblent !*

Ce jour mémorable venu, le roi parut sur son trône, environné des grands, des mages, et des députés[4] de toutes les nations qui venaient à ces jeux, où la gloire s'acquérait non par la légèreté des chevaux, non par la force du corps, mais par la vertu. Le premier satrape rapporta à haute voix les actions qui pouvaient mériter à leurs auteurs ce prix inestimable. Il ne parla point de la grandeur d'âme avec laquelle Zadig avait rendu à l'Envieux toute sa fortune : ce n'était pas une action qui méritât de disputer le prix.

Il présenta d'abord un juge qui, ayant fait perdre un procès considérable à un citoyen par une méprise dont il n'était pas même responsable, lui avait donné tout son bien, qui était la valeur de ce que l'autre avait perdu.

---

1. **Généreuse** : la générosité est la grandeur d'âme ; le sens moderne a réduit la portée générale de cette vertu héroïque, celle d'un cœur noble, de grande envergure.
2. **Satrape** : gouverneur de province dans l'ancienne Perse.
3. **On allait aux voix** : on allait voter.
4. **Députés** : envoyés.

Il produisit ensuite un jeune homme qui, étant éperdument épris d'une fille qu'il allait épouser, l'avait cédée à un ami près d'expirer d'amour pour elle, et qui avait encore payé la dot en cédant la fille. 30

Ensuite, il fit paraître un soldat qui, dans la guerre d'Hyrcanie, avait donné encore un plus grand exemple de générosité. Des soldats ennemis lui enlevaient sa maîtresse, et il la défendait contre eux ; on vint lui dire que d'autres Hyrcaniens enlevaient sa mère à quelques pas de 35 là : il quitta en pleurant sa maîtresse, et courut délivrer sa mère ; il retourna ensuite vers celle qu'il aimait, et la trouva expirante. Il voulut se tuer ; sa mère lui remontra[1] qu'elle n'avait que lui pour tout secours, et il eut le courage de souffrir la vie. 40

Les juges penchaient pour ce soldat. Le roi prit la parole, et dit : « Son action et celle des autres sont belles ; mais elles ne m'étonnent point ; hier Zadig en a fait une qui m'a étonné. J'avais disgracié depuis quelques jours mon ministre et mon favori Coreb. Je me plaignais de lui avec violence, 45 et tous mes courtisans m'assuraient que j'étais trop doux ; c'était à qui me dirait le plus de mal de Coreb. Je demandai à Zadig ce qu'il en pensait, et il osa en dire du bien. J'avoue que j'ai vu, dans nos histoires, des exemples qu'on a payé de son bien une erreur ; qu'on a cédé sa maîtresse ; qu'on a 50 préféré une mère à l'objet de son amour ; mais je n'ai jamais lu qu'un courtisan ait parlé avantageusement d'un ministre disgracié, contre qui son souverain était en colère. Je donne vingt mille pièces d'or à chacun de ceux dont on vient de réciter[2] les actions généreuses ; mais je donne la 55 coupe à Zadig.

– Sire, lui dit-il, c'est votre Majesté seule qui mérite la coupe, c'est elle qui a fait l'action la plus inouïe, puisque, étant roi, vous ne vous êtes point fâché contre votre esclave, lorsqu'il contredisait votre passion. » 60

---

1. **Remontra :** démontra.
2. **Réciter :** proclamer publiquement.

Chapitre V - Les Généreux

On admira le roi et Zadig. Le juge qui avait donné son bien, l'amant qui avait marié sa maîtresse à son ami, le soldat qui avait préféré le salut de sa mère à celui de sa maîtresse, reçurent les présents du monarque ; ils virent leurs noms écrits dans le livre des Généreux. Zadig eut la coupe. Le roi acquit la réputation d'un bon prince, qu'il ne garda pas longtemps. Ce jour fut consacré par des fêtes plus longues que la loi ne le portait[1]. La mémoire s'en conserve encore dans l'Asie. Zadig disait : « Je suis donc enfin heureux ! » Mais il se trompait.

---

1. **Portait :** prescrivait.

CHAPITRE VI
Le Ministre

LE ROI avait perdu son premier ministre. Il choisit Zadig pour remplir cette place. Toutes les belles dames de Babylone applaudirent à ce choix ; car depuis la fondation de l'empire il n'y avait jamais eu de ministre si jeune. Tous les courtisans furent fâchés ; l'Envieux en eut un crachement de sang, et le nez lui enfla prodigieusement. Zadig, ayant remercié le roi et la reine, alla remercier aussi le perroquet : « Bel oiseau, lui dit-il, c'est vous qui m'avez sauvé la vie, et qui m'avez fait premier ministre : la chienne et le cheval de Leurs Majestés m'avaient fait beaucoup de mal, mais vous m'avez fait plus de bien. Voilà donc de quoi dépendent les destins des hommes ! Mais, ajouta-t-il, un bonheur si étrange sera peut-être bientôt évanoui. » Le perroquet répondit : « Oui. » Ce mot frappa Zadig ; cependant, comme il était bon physicien[1] et qu'il ne croyait pas que les perroquets fussent prophètes, il se rassura bientôt et se mit à exercer son ministère de son mieux.

Il fit sentir à tout le monde le pouvoir sacré des lois, et ne fit sentir à personne le poids de sa dignité. Il ne gêna point les voix du divan[2], et chaque vizir[3] pouvait avoir un avis sans lui déplaire. Quand il jugeait une affaire, ce n'était pas lui qui jugeait, c'était la loi ; mais, quand elle était trop sévère, il la tempérait, et, quand on manquait de lois, son équité[4] en faisait qu'on aurait prises pour celles de Zoroastre.

C'est de lui que les nations tiennent ce grand principe, qu'il vaut mieux hasarder de sauver un coupable que de condamner un innocent. Il croyait que les lois étaient

---

1. **Physicien :** observateur de la nature et théoricien de ses lois.
2. **Divan :** conseil des vizirs.
3. **Vizir :** ministre, conseiller du roi.
4. **Équité :** sens de la justice.

faites pour secourir les citoyens autant que pour les inti-
mider. Son principal talent était de démêler la vérité que
30 tous les hommes cherchent à obscurcir[1].

Dès les premiers jours de son administration il mit ce
grand talent en usage. Un fameux négociant de Babylone
était mort aux Indes ; il avait fait ses héritiers ses deux fils
par portions égales, après avoir marié leur sœur ; et il lais-
35 sait un présent de trente mille pièces d'or à celui de ses
deux fils qui serait jugé l'aimer davantage. L'aîné lui bâtit
un tombeau, le second augmenta d'une partie de son héri-
tage la dot de sa sœur ; chacun disait : « C'est l'aîné qui
aime le mieux son père ; le cadet aime mieux sa sœur ;
40 c'est à l'aîné qu'appartiennent les trente mille pièces. »

Zadig les fit venir tous deux l'un après l'autre. Il dit à
l'aîné : « Votre père n'est point mort, il est guéri de sa
dernière maladie, il revient à Babylone. – Dieu soit loué,
répondit le jeune homme, mais voilà un tombeau qui m'a
45 coûté bien cher ! » Zadig dit ensuite la même chose au
cadet. « Dieu soit loué, répondit-il, je vais rendre à mon
père tout ce que j'ai, mais je voudrais qu'il laissât à ma
sœur ce que je lui ai donné. – Vous ne rendrez rien, dit
Zadig, et vous aurez les trente mille pièces : c'est vous qui
50 aimez le mieux votre père. »

Une fille fort riche avait fait une promesse de mariage à
deux mages, et, après avoir reçu quelques mois des
instructions de l'un et de l'autre, elle se trouva grosse[2]. Ils
voulaient tous deux l'épouser. « Je prendrai pour mon
55 mari, dit-elle, celui des deux qui m'a mise en état de
donner un citoyen à l'empire. – C'est moi qui ai fait cette
bonne œuvre, dit l'un. – C'est moi qui ai eu cet avantage,
dit l'autre. – Eh bien, répondit-elle, je reconnais pour père
de l'enfant celui des deux qui lui pourra donner la
60 meilleure éducation. » Elle accoucha d'un fils. Chacun des

---

1. **Son principal talent [...] obscurcir :** trait essentiel de la pensée voltairienne anti-systématique, hostile à la pure spéculation.
2. **Grosse :** enceinte.

mages veut l'élever. La cause est portée devant Zadig. Il fait venir les deux mages. « Qu'enseigneras-tu à ton pupille[1] ? dit-il au premier. – Je lui apprendrai, dit le Docteur, les huit parties d'oraison[2], la dialectique[3], l'astrologie, la démono-manie[4], ce que c'est que la substance et l'accident[5], l'abstrait et le concret, les monades[6] et l'harmonie préétablie[7]. – Moi, dit le second, je tâcherai de le rendre juste et digne d'avoir des amis. » Zadig prononça : *Que tu sois son père ou non, tu épouseras sa mère.*

65

---

1. **Pupille :** élève.
2. **Huit parties d'oraison :** parties du discours, de l'argumentation, que distingue la rhétorique.
3. **Dialectique :** articulation des arguments entre eux pour les rendre efficaces.
4. **Démonomanie :** science des démons.
5. **La substance et l'accident :** la substance est l'essence, ce qui existe de façon permanente, tandis que l'accident intervient momentanément sans modifier la substance dans son être. Ces termes réfèrent à la philosophie de Leibniz, entre autres.
6. **Monades :** terme emprunté au philosophe allemand Leibniz (1646-1716), désignant l'unité primordiale à partir de laquelle se pense tout le système. Chaque individu est une monade.
7. **Harmonie préétablie :** nouvelle allusion ironique à Leibniz, pour lequel l'âme et le corps entretiennent un rapport préétabli par l'entendement divin.

CHAPITRE VII
Les Disputes[1] et Les Audiences

C'EST AINSI qu'il montrait tous les jours la subtilité de son génie[2] et la bonté de son âme ; on l'admirait, et cependant on l'aimait. Il passait pour le plus fortuné[3] de tous les hommes ; tout l'empire était rempli de son nom ; toutes les femmes le
5 lorgnaient[4] ; tous les citoyens célébraient sa justice ; les savants le regardaient comme leur oracle[5] ; les prêtres même avouaient qu'il en savait plus que le vieux archimage Yébor. On était bien loin alors de lui faire des procès sur les griffons ; on ne croyait que ce qui lui semblait croyable.
10 Il y avait une grande querelle dans Babylone, qui durait depuis quinze cents années, et qui partageait l'empire en deux sectes opiniâtres[6] : l'une prétendait qu'il ne fallait jamais entrer dans le temple de Mithra[7] que du pied gauche ; l'autre avait cette coutume en abomination, et
15 n'entrait jamais que du pied droit. On attendait le jour de la fête solennelle du feu sacré pour savoir quelle secte serait favorisée par Zadig. L'univers avait les yeux sur ses deux pieds, et toute la ville était en agitation et en suspens. Zadig entra dans le temple en sautant à pieds joints, et il
20 prouva ensuite, par un discours éloquent, que le Dieu du ciel et de la terre, qui n'a acception de personne[8], ne fait pas plus de cas de la jambe gauche que de la jambe droite.

---

1. **Disputes :** débats.
2. **Génie :** talent inné.
3. **Fortuné :** chanceux.
4. **Lorgnaient :** avaient des vues sur sa personne.
5. **Oracle :** celui par qui s'exprime la vérité.
6. **Opiniâtres :** obstinées.
7. **Mithra :** principe de la lumière révélée, divinité du feu sacré, dans le mazdéisme, religion réformée par Zoroastre.
8. **Qui n'a acception pour personne :** qui ne marque aucune préférence pour qui que ce soit.

L'Envieux et sa femme prétendirent que dans son discours il n'y avait pas assez de figures[1], qu'il n'avait pas fait
assez danser les montagnes et les collines[2]. « Il est sec et   25
sans génie, disaient-ils : on ne voit chez lui[3] ni la mer
s'enfuir, ni les étoiles tomber, ni le soleil se fondre comme
de la cire ; il n'a point le bon style oriental. » Zadig se
contentait d'avoir le style de la raison. Tout le monde fut
pour lui, non pas parce qu'il était dans le bon chemin, non   30
pas parce qu'il était raisonnable, non pas parce qu'il était
aimable, mais parce qu'il était premier vizir.

Il termina aussi heureusement[4] le grand procès entre
les mages blancs et les mages noirs[5]. Les blancs soute-
naient que c'était une impiété de se tourner, en priant   35
Dieu, vers l'orient d'hiver ; les noirs assuraient que Dieu
avait en horreur les prières des hommes qui se tournaient
vers le couchant d'été. Zadig ordonna qu'on se tournât
comme on voudrait.

Il trouva ainsi le secret d'expédier le matin les affaires   40
particulières et les générales ; le reste du jour, il s'occupait
des embellissements de Babylone ; il faisait représenter des
tragédies où l'on pleurait, et des comédies où l'on riait, ce
qui était passé de mode depuis longtemps, et ce qu'il fit
renaître parce qu'il avait du goût[6]. Il ne prétendait pas en   45
savoir plus que les artistes ; il les récompensait par des bienfaits et des distinctions, et n'était point jaloux en secret de

---

1. **Figures :** tournures de style ; en effet, l'idéal du style oriental impose
   l'usage d'un langage imagé.
2. **Les montagnes et les collines :** tournure inspirée du style biblique,
   comme pour la phrase suivante.
3. **Chez lui :** dans son discours.
4. **Heureusement :** avec succès.
5. **Les mages blancs et les mages noirs :** allusion aux prêtres catholiques
   (vêtus de blanc) et aux pasteurs protestants dont la robe est noire.
6. **Goût :** Voltaire prône la division classique des genres qui oppose
   comédie et tragédie. Ainsi, il bat en brèche comédie larmoyante et
   drame, lesquels proposent un agencement du comique et du tragique
   contre la règle classique de distinction des genres.

leurs talents. Le soir, il amusait beaucoup le roi, et surtout la
reine. Le roi disait : « Le grand ministre ! », la reine disait :
50 « L'aimable ministre ! » et tous deux ajoutaient : « C'eût été
grand dommage qu'il eût été pendu. »

Jamais homme en place ne fut obligé de donner tant
d'audiences aux dames. La plupart venaient lui parler des
affaires qu'elles n'avaient point, pour en avoir une avec lui.
55 La femme de l'Envieux s'y présenta des premières ; elle lui
jura par Mithra, par Zend-Vesta[1], et par le feu sacré, qu'elle
avait détesté la conduite de son mari ; elle lui confia
ensuite que ce mari était un jaloux, un brutal ; elle lui fit
entendre que les dieux le punissaient en lui refusant les
60 précieux effets de ce feu sacré par lequel seul l'homme est
semblable aux immortels : elle finit par laisser tomber sa
jarretière ; Zadig la ramassa avec sa politesse ordinaire,
mais il ne la rattacha point au genou de la dame ; et cette
petite faute, si c'en est une, fut la cause des plus horribles
65 infortunes. Zadig n'y pensa pas, et la femme de l'Envieux y
pensa beaucoup.

D'autres dames se présentaient tous les jours. Les
annales[2] secrètes de Babylone prétendent qu'il succomba
une fois, mais qu'il fut tout étonné de jouir sans volupté, et
70 d'embrasser son amante avec distraction. Celle à qui il
donna, sans presque s'en apercevoir, des marques de sa
protection, était une femme de chambre de la reine
Astarté[3]. Cette tendre Babylonienne se disait à elle-même
pour se consoler : « Il faut que cet homme-là ait pro-
75 digieusement d'affaires dans la tête, puisqu'il y songe
encore, même en faisant l'amour. » Il échappa à Zadig, dans
les instants où plusieurs personnes ne disent mot, et où
d'autres ne prononcent que des paroles sacrées, de s'écrier
tout d'un coup : « La reine ! » La Babylonienne crut

---

1. **Zend-Avesta** : l'Avesta est un livre saint de la religion de Zoroastre,
   dont le Zend est le commentaire.
2. **Annales** : recueils des événements année par année.
3. **Astarté** : nom de la déesse du Ciel chez les Chaldéens.

qu'enfin il était revenu à lui dans un bon moment, et qu'il lui disait : « Ma reine ! » Mais Zadig, toujours très distrait, prononça le nom d'Astarté. La dame, qui dans ces heureuses circonstances interprétait tout à son avantage, s'imagina que cela voulait dire : « Vous êtes plus belle que la reine Astarté ! » Elle sortit du sérail[1] de Zadig avec de très beaux présents. Elle alla conter son aventure à l'Envieuse, qui était son amie intime ; celle-ci fut cruellement piquée de la préférence. « Il n'a pas daigné seulement, dit-elle, me rattacher ma jarretière que voici, et dont je ne veux plus me servir. – Oh ! oh ! dit la fortunée à l'Envieuse, vous portez les mêmes jarretières que la reine ! Vous les prenez donc chez la même faiseuse ? » L'Envieuse rêva[2] profondément, ne répondit rien, et alla consulter son mari l'Envieux.

Cependant Zadig s'apercevait qu'il avait toujours des distractions quand il donnait des audiences et quand il jugeait ; il ne savait à quoi les attribuer : c'était là sa seule peine.

Il eut un songe : il lui semblait qu'il était couché d'abord sur des herbes sèches, parmi lesquelles il y en avait quelques-unes de piquantes qui l'incommodaient, et qu'ensuite il reposait mollement sur un lit de roses, dont il sortait un serpent qui le blessait au cœur de sa langue acérée et envenimée. « Hélas ! disait-il, j'ai été longtemps couché sur ces herbes sèches et piquantes, je suis maintenant sur le lit de roses ; mais quel sera le serpent ? »

---

1. **Sérail :** ici, désigne le palais.
2. **Rêva :** réfléchit.

CHAPITRE VIII
La Jalousie

Le MALHEUR de Zadig vint de son bonheur même, et surtout de son mérite. Il avait tous les jours des entretiens avec le roi et avec Astarté, son auguste épouse. Les charmes de sa conversation redoublaient encore par cette envie
5 de plaire qui est à l'esprit ce que la parure est à la beauté ; sa jeunesse et ses grâces firent insensiblement[1] sur Astarté une impression dont elle ne s'aperçut pas d'abord. Sa passion croissait dans le sein de l'innocence. Astarté se livrait sans scrupule et sans crainte au plaisir
10 de voir et d'entendre un homme cher à son époux et à l'État ; elle ne cessait de le vanter au roi ; elle en parlait à ses femmes, qui enchérissaient[2] encore sur ses louanges ; tout servait à enfoncer dans son cœur le trait[3] qu'elle ne sentait pas. Elle faisait des présents à Zadig, dans les-
15 quels il entrait plus de galanterie[4] qu'elle ne pensait ; elle croyait ne lui parler qu'en reine contente de ses services, et quelquefois ses expressions étaient d'une femme sensible[5].

Astarté était beaucoup plus belle que cette Sémire qui
20 haïssait tant les borgnes, et que cette autre femme qui avait voulu couper le nez à son époux. La familiarité d'Astarté, ses discours tendres, dont elle commençait à rougir, ses regards, qu'elle voulait détourner, et qui se fixaient sur les siens, allumèrent dans le cœur de Zadig
25 un feu dont il s'étonna. Il combattit ; il appela à son secours la philosophie, qui l'avait toujours secouru ; il n'en tira que des lumières, et n'en reçut aucun soulage-

---

1. **Insensiblement :** peu à peu, sans y prendre garde.
2. **Enchérissaient :** renchérissaient.
3. **Trait :** flèche lancée par le dieu de l'Amour.
4. **Galanterie :** art de plaire, séduction.
5. **Sensible :** dont le cœur est touché (ici, par l'amour).

ment. Le devoir, la reconnaissance, la majesté souveraine
violée[1], se présentaient à ses yeux comme des dieux
vengeurs ; il combattait, il triomphait ; mais cette vic- 30
toire, qu'il fallait remporter à tout moment, lui coûtait des
gémissements et des larmes. Il n'osait plus parler à la
reine avec cette douce liberté qui avait eu tant de
charmes pour tous deux ; ses yeux se couvraient d'un
nuage ; ses discours étaient contraints[2] et sans suite ; il 35
baissait la vue ; et quand, malgré lui, ses regards se tournaient vers Astarté, ils rencontraient ceux de la reine
mouillés de pleurs, dont il partait des traits de flamme ;
ils semblaient se dire l'un à l'autre : « Nous nous adorons,
et nous craignons de nous aimer ; nous brûlons tous 40
deux d'un feu que nous condamnons. »

Zadig sortait d'auprès d'elle égaré, éperdu, le cœur
surchargé d'un fardeau qu'il ne pouvait plus porter :
dans la violence de ses agitations, il laissa pénétrer[3] son
secret à son ami Cador, comme un homme qui, ayant 45
soutenu longtemps les atteintes d'une vive douleur, fait
enfin connaître son mal par un cri qu'un redoublement
aigu lui arrache, et par la sueur froide qui coule sur son
front.

Cador lui dit : « J'ai déjà démêlé les sentiments que vous 50
vouliez vous cacher à vous-même ; les passions ont des
signes auxquels on ne peut se méprendre. Jugez, mon cher
Zadig, puisque j'ai lu dans votre cœur, si le roi n'y décou-
vrira pas un sentiment qui l'offense. Il n'a d'autre défaut
que celui d'être le plus jaloux des hommes. Vous résistez à 55
votre passion avec plus de force que la reine ne combat la
sienne, parce que vous êtes philosophe et parce que vous
êtes Zadig. Astarté est femme ; elle laisse parler ses regards
avec d'autant plus d'imprudence qu'elle ne se croit pas

---

1. **La majesté souveraine violée :** les atteintes portées au roi par les
   sentiments que Zadig éprouve pour la reine.
2. **Contraints :** censurés, empêtrés.
3. **Pénétrer :** deviner.

60 encore coupable. Malheureusement rassurée sur son innocence, elle néglige des dehors nécessaires[1]. Je tremblerai
pour elle tant qu'elle n'aura rien à se reprocher. Si vous
étiez d'accord l'un et l'autre, vous sauriez tromper tous les
yeux : une passion naissante et combattue éclate ; un
65 amour satisfait sait se cacher. » Zadig frémit à la proposition de trahir le roi, son bienfaiteur ; et jamais il ne fut plus
fidèle à son prince que quand il fut coupable envers lui
d'un crime involontaire. Cependant la reine prononçait si
souvent le nom de Zadig ; son front se couvrait de tant de
70 rougeur en le prononçant ; elle était tantôt si animée,
tantôt si interdite[2], quand elle lui parlait en présence du
roi ; une rêverie si profonde s'emparait d'elle quand il était
sorti, que le roi fut troublé. Il crut tout ce qu'il voyait, et
imagina tout ce qu'il ne voyait point. Il remarqua surtout
75 que les babouches de sa femme étaient bleues, et que les
babouches de Zadig étaient bleues ; que les rubans de sa
femme étaient jaunes et que le bonnet de Zadig était
jaune : c'étaient là de terribles indices pour un prince délicat[3]. Les soupçons se tournèrent en certitudes dans son
80 esprit agri.

Tous les esclaves des rois et des reines sont autant
d'espions de leurs cœurs. On pénétra bientôt qu'Astarté
était tendre, et que Moabdar était jaloux. L'Envieux enga-
gea l'Envieuse à envoyer au roi sa jarretière, qui ressem-
85 blait à celle de la reine. Pour surcroît de malheur, cette
jarretière était bleue. Le monarque ne songea plus qu'à la
manière de se venger. Il résolut une nuit d'empoisonner la
reine, et de faire mourir Zadig par le cordeau[4], au point du
jour. L'ordre en fut donné à un impitoyable eunuque,
90 exécuteur de ses vengeances. Il y avait alors dans la chambre

---

1. **Elle néglige des dehors nécessaires :** elle oublie les apparences
exigées par ses devoirs d'épouse et de reine.
2. **Interdite :** muette.
3. **Délicat :** susceptible, soucieux de son honneur.
4. **Cordeau :** corde.

du roi un petit nain qui était muet[1], mais qui n'était pas sourd. On le souffrait[2] toujours : il était témoin de ce qui se passait de plus secret, comme un animal domestique. Ce petit muet était très attaché à la reine et à Zadig. Il entendit, avec autant de surprise que d'horreur, donner l'ordre de leur mort. Mais comment faire pour prévenir[3] cet ordre effroyable, qui allait s'exécuter dans peu d'heures ? Il ne savait pas écrire, mais il avait appris à peindre, et savait surtout faire ressembler. Il passa une partie de la nuit à crayonner ce qu'il voulait faire entendre à la reine. Son dessin représentait le roi agité de fureur, dans un coin du tableau, donnant des ordres à son eunuque ; un cordeau bleu et un vase sur la table, avec des jarretières bleues et des rubans jaunes ; la reine, dans le milieu du tableau, expirante entre les bras de ses femmes, et Zadig étranglé à ses pieds. L'horizon représentait un soleil levant, pour marquer que cette horrible exécution devait se faire aux premiers rayons de l'aurore. Dès qu'il eut fini cet ouvrage, il courut chez une femme d'Astarté, la réveilla, et lui fit entendre qu'il fallait dans l'instant même porter ce tableau à la reine.

Cependant, au milieu de la nuit, on vient frapper à la porte de Zadig ; on le réveille ; on lui donne un billet de la reine ; il doute si c'est un songe ; il ouvre la lettre d'une main tremblante. Quelle fut sa surprise, et qui pourrait exprimer la consternation et le désespoir dont il fut accablé, quand il lut ces paroles : *Fuyez, dans l'instant même, ou l'on va vous arracher la vie. Fuyez, Zadig, je vous l'ordonne au nom de notre amour et de mes rubans jaunes. Je n'étais point coupable ; mais je sens que je vais mourir criminelle.*

Zadig eut à peine la force de parler. Il ordonna qu'on fît venir Cador, et, sans lui rien dire, il lui donna ce billet. Cador le força d'obéir et de prendre sur-le-champ la route

---

1. **Muet :** personnage topique des contes orientaux.
2. **Souffrait :** supportait, tolérait.
3. **Prévenir :** empêcher.

de Memphis. « Si vous osez aller trouver la reine, lui dit-il,
125 vous hâtez sa mort ; si vous parlez au roi, vous la perdez
encore. Je me charge de sa destinée ; suivez la vôtre. Je
répandrai le bruit que vous avez pris la route des Indes. Je
viendrai bientôt vous trouver, et je vous apprendrai ce qui
se sera passé à Babylone. »

130 Cador, dans le moment même, fit placer deux droma-
daires des plus légers à la course vers une porte secrète du
palais ; il fit monter Zadig, qu'il fallut porter et qui était
près de rendre l'âme. Un seul domestique l'accompagna ;
et bientôt Cador, plongé dans l'étonnement[1] et dans la
135 douleur, perdit son ami de vue.

Cet illustre fugitif, arrivé sur le bord d'une colline, dont[2]
on voyait Babylone, tourna la vue sur le palais de la reine,
et s'évanouit ; il ne reprit ses sens que pour verser des
larmes et pour souhaiter la mort. Enfin, après s'être occupé
140 de la destinée déplorable de la plus aimable des femmes et
de la première reine du monde, il fit un mouvement de
retour sur lui-même et s'écria : « Qu'est-ce donc que la vie
humaine ? Ô vertu ! à quoi m'avez-vous servi ? Deux
femmes m'ont indignement trompé ; la troisième qui n'est
145 point coupable, et qui est plus belle que les autres, va
mourir ! Tout ce que j'ai fait de bien a toujours été pour
moi une source de malédictions, et je n'ai été élevé au
comble de la grandeur que pour tomber dans le plus horrible
précipice de l'infortune. Si j'eusse été méchant comme tant
150 d'autres, je serais heureux comme eux. » Accablé de ces
réflexions funestes, les yeux chargés du voile de la
douleur, la pâleur de la mort sur le visage, et l'âme
abîmée[3] dans l'excès d'un sombre désespoir, il continuait
son voyage vers l'Égypte.

---

1. **Étonnement :** stupeur, agitation forte (sens classique).
2. **Dont :** d'où.
3. **Abîmée :** plongée.

Clefs d'analyse

Chapitres VI à VIII.

Compréhension

▌ L'épreuve du pouvoir : le ministère de Zadig

- Relever les éléments de la satire du pouvoir.

▌ Les aléas de la fortune

- Montrer que le chapitre « La Jalousie » fait écho à d'autres et à un certain type de personnages.
- Chercher la fonction de ce rappel dans la réflexion sur le destin.

Réflexion

▌ Zadig et l'amour : le bonheur individuel et autrui

- Analyser le rapport entre le bonheur de Zadig et sa mise en cause par les femmes, comme un lien entre bonheur individuel et autrui.
- Analyser le rôle de l'amour dans le chemin du bonheur.

▌ Le conte : l'apprentissage du héros

- Expliquer la valeur symbolique du songe de Zadig à la fin du chapitre VII.
- Interpréter le lien entre symbolique et apprentissage.

À retenir :

À l'issue de ces premières expériences qui consacrent les revers de fortune, on remarque la dynamique narrative qui fait alterner périodes heureuses et malheureuses dans le récit. Cette alternance focalise l'attention sur la réflexion centrale des rôles de la Providence, du hasard et du destin. On constate que les progrès de Zadig (épisode de la sagesse du jugement renvoyant à la figure de Salomon) ne débouchent pas sur une récompense, un bonheur acquis pour son mérite.

Synthèse Chapitres V à VIII

Pouvoir et abus

Personnages

L'aventure politique de Zadig entre destin et arbitraire royal

Les chapitres V à VIII brossent la carrière d'une ascension politique du personnage de Zadig, puis de sa disgrâce. Non content de proposer ainsi une réflexion sur la fortune et ses revers, Voltaire dispose au cœur de sa fable une satire du pouvoir injuste et arbitraire, proposant en creux la figure de bon monarque, ce fameux monarque éclairé auquel les Lumières aspirèrent. Finalement, ce n'est même pas seulement la fortune qu'il conviendrait d'accuser des malheurs de Zadig, mais aussi les passions capricieuses d'un monarque jaloux, abusant de sa toute-puissance. Le bon roi serait celui qui, avant de commander aux autres, se commande à lui-même. Ainsi le conte de Voltaire propose-t-il une satire du pouvoir absolu de droit divin qui peut d'un revers de main décider de vie ou de mort sur tel ministre ou individu, fût-il de ses favoris.

Langage

Satire et orientalisme

Mais la satire ne peut jouer à plein que dans le cadre transposé du conte oriental. Rappelons que l'Orient constituait le mythe du pouvoir fanatique et tyrannique, que ce cadre renvoyait d'emblée le lecteur au symbole d'une justice barbare, d'une autocratie obscurantiste en tant qu'elle ne fait nul appel à la raison ou au jugement de bon sens. Jouant comme symbole, et non littéralement, la fiction orientale livrait du même coup une critique constante de l'exercice du pouvoir tel que Voltaire l'observait, non dans la lointaine et mythique Babylone, mais dans l'Europe du XVIIIe siècle. Voltaire fut, ne l'oublions pas, le correspondant de Frédéric II, et même son conseiller temporaire. Comme Diderot avec Catherine II de Russie, Voltaire voulut incarner cette figure du philosophe éclairé, conseillant le roi afin qu'il fût juste. Le monarque doit pouvoir s'abstraire des passions et des attitudes courtisanes, faire preuve de discernement dans l'application des lois ; en un mot, imposer son bon jugement, dirigé par la raison éclairée.

Société

Royauté et philosophie

Dans une monarchie absolue de droit divin, il n'est ni progrès ni effort civilisateur sans tempérance de ce pouvoir. Si le roi décide seul pour tout le royaume, il faut qu'il soit éclairé, juste, et non tyrannique. La pensée politique des Lumières analyse donc le système monarchique pour en instituer ou en imposer les limites. Les deux œuvres capitales conduisant tout le siècle à élaborer l'idée d'une monarchie éclairée, *Les Mémoires* du duc de Saint-Simon et *De l'esprit des lois* de Montesquieu (1748), élaborent en effet une théorie politique ajustant monarchie et droit naturel, pouvoir d'un seul et contrôle de ce pouvoir. C'est que, dès la fin du XVIIe siècle, le pouvoir louis-quatorzien provoqua une réaction critique, celle de Fénelon (*Les Tables de Chaulnes*, 1711), par exemple, proposant un contrôle du pouvoir absolu par des Conseils où la grande aristocratie pût exercer son influence, que Louis XIV amputa. *Zadig* suggère les moyens de tempérer le pouvoir autocrate, par l'intervention d'un ministre juste ou d'un philosophe éclairé.

Le conte illustre les méfaits du despotisme, qui justifie les prérogatives du dogme ecclésiastique sur la censure des mœurs. Il n'est dès lors guère étonnant qu'intervienne la figure mythique du roi Salomon, mais surtout que la fin du conte de Voltaire rende possible l'espoir d'un règne juste. Nul doute qu'un Rousseau n'en eût pas dit autant. Mais le choix du conte aussi bien que l'esprit de Voltaire commandent cette fin heureuse et optimiste. Après tout, il ne s'agit que d'un conte, Voltaire le sait, Voltaire s'en amuse, Voltaire nous le dit.

CHAPITRE IX
La Femme battue

ZADIG dirigeait sa route sur les étoiles. La constellation d'Orion et le brillant astre de Sirius[1] le guidaient vers le pôle de Canope[2]. Il admirait ces vastes globes de lumière qui ne paraissent que de faibles étincelles à nos yeux, tandis que la
5 terre, qui n'est en effet[3] qu'un point imperceptible dans la nature, paraît à notre cupidité quelque chose de si grand et de si noble. Il se figurait alors les hommes tels qu'ils sont en effet, des insectes se dévorant les uns les autres sur un petit atome de boue. Cette image vraie semblait anéantir ses
10 malheurs en lui retraçant le néant de son être et celui de Babylone. Son âme s'élançait jusque dans l'infini, et contemplait, détachée de ses sens, l'ordre immuable[4] de l'univers. Mais lorsque ensuite, rendu à lui-même et rentrant dans son cœur, il pensait qu'Astarté était peut-être morte pour
15 lui, l'univers disparaissait à ses yeux, et il ne voyait dans la nature entière qu'Astarté mourante et Zadig infortuné.

Comme il se livrait à ce flux et à ce reflux de philosophie sublime et de douleur accablante, il avançait vers les frontières de l'Égypte ; et déjà son domestique fidèle était
20 dans la première bourgade, où il lui cherchait un logement. Zadig cependant[5] se promenait vers les jardins qui bordaient ce village. Il vit, non loin du grand chemin, une femme éplorée qui appelait le ciel et la terre à son secours, et un homme furieux qui la suivait. Elle était déjà atteinte
25 par lui ; elle embrassait[6] ses genoux. Cet homme l'accablait de coups et de reproches. Il jugea, à la violence de l'Égyptien et aux pardons réitérés[7] que lui demandait la

---

1. **Sirius :** la plus brillante des étoiles.
2. **Canope :** étoile indiquant le plein sud.
3. **En effet :** en fait, en réalité.
4. **Immuable :** qu'on ne peut modifier.
5. **Cependant :** pendant ce temps.
6. **Embrassait :** entourait de ses bras.
7. **Réitérés :** répétés.

dame, que l'un était un jaloux et l'autre une infidèle ; mais quand il eut considéré cette femme, qui était d'une beauté touchante, et qui même ressemblait un peu à la malheureuse Astarté, il se sentit pénétré de compassion pour elle et d'horreur pour l'Égyptien. « Secourez-moi, s'écria-t-elle à Zadig avec des sanglots ; tirez-moi des mains du plus barbare des hommes, sauvez-moi la vie. »

À ces cris, Zadig courut se jeter entre elle et ce barbare. Il avait quelque connaissance de la langue égyptienne. Il lui dit en cette langue : « Si vous avez quelque humanité, je vous conjure de respecter la beauté et la faiblesse. Pouvez-vous outrager ainsi un chef-d'œuvre de la nature, qui est à vos pieds, et qui n'a pour sa défense que des larmes ? – Ah ! ah ! lui dit cet emporté, tu l'aimes donc aussi, et c'est de toi qu'il faut que je me venge. » En disant ces paroles, il laisse la dame qu'il tenait d'une main par les cheveux, et prenant sa lance, il veut en percer l'étranger. Celui-ci, qui était de sang-froid[1], évita aisément le coup d'un furieux. Il se saisit de la lance près du fer dont elle est armée. L'un veut la retirer, l'autre l'arracher. Elle se brise entre leurs mains. L'Égyptien tire son épée ; Zadig s'arme de la sienne. Ils s'attaquent l'un l'autre. Celui-ci porte cent coups précipités ; celui-là les pare avec adresse. La dame, assise sur un gazon, rajuste sa coiffure et les regarde. L'Égyptien était plus robuste que son adversaire ; Zadig était plus adroit. Celui-ci se battait en homme dont la tête conduisait le bras, et celui-là comme un emporté, dont une colère aveugle guidait les mouvements au hasard. Zadig passe à lui[2] et le désarme ; et tandis que l'Égyptien, devenu plus furieux, veut se jeter sur lui, il le saisit, le presse, le fait tomber, et, lui tenant l'épée sur la poitrine, il lui offre de lui donner la vie. L'Égyptien, hors de lui, tire son poignard ; il en blesse Zadig dans le temps même que le vainqueur lui pardonnait. Zadig, indigné, lui plonge son épée dans le sein. L'Égyptien jette un cri horrible, et meurt en se débattant.

---

1. **De sang-froid :** calme.
2. **Passe à lui :** terme d'escrime signifiant qu'on s'avance vers l'ennemi.

Chapitre IX - La Femme battue

Zadig alors s'avança vers la dame, et lui dit d'une voix soumise[1] : « Il m'a forcé de le tuer : je vous ai vengée ; vous êtes délivrée de l'homme le plus violent que j'aie jamais vu. Que voulez-vous maintenant de moi, madame ? – Que tu meures, scélérat, lui répondit-elle, que tu meures ; tu as tué mon amant ; je voudrais pouvoir déchirer ton cœur[2]. – En vérité, madame, vous aviez là un étrange homme pour amant, lui répondit Zadig : il vous battait de toutes ses forces, et il voulait m'arracher la vie parce que vous m'avez conjuré de vous secourir. – Je voudrais qu'il me battît encore, reprit la dame en poussant des cris. Je le méritais bien, je lui avais donné de la jalousie. Plût au Ciel qu'il me battît, et que tu fusses à sa place ! » Zadig, plus surpris et plus en colère qu'il ne l'avait été de sa vie, lui dit : « Madame, toute belle que vous êtes, vous mériteriez que je vous battisse à mon tour, tant vous êtes extravagante ; mais je n'en prendrai pas la peine. » Là-dessus, il remonta sur son chameau et avança vers le bourg. À peine avait-il fait quelques pas qu'il se retourne au bruit que faisaient quatre courriers[3] de Babylone. Ils venaient à toute bride. L'un d'eux, en voyant cette femme, s'écria : « C'est elle-même ; elle ressemble au portrait qu'on nous en a fait. » Ils ne s'embarrassèrent pas[4] du mort, et se saisirent incontinent[5] de la dame. Elle ne cessait de crier à Zadig : « Secourez-moi encore une fois, étranger généreux ! Je vous demande pardon de m'être plainte de vous. Secourez-moi, et je suis à vous jusqu'au tombeau. » L'envie avait passé à Zadig de se battre désormais pour elle. « À d'autres ! répondit-il ; vous ne m'y attraperez plus. »

---

1. **Soumise :** humble, empreinte de respect.
2. **Déchirer ton cœur :** probable référence au personnage d'Hermione dans *Andromaque* de Racine (acte V, scène 8).
3. **Courriers :** messagers.
4. **Ne s'embarrassèrent pas :** ne se préoccupèrent pas.
5. **Incontinent :** sur-le-champ.

D'ailleurs il était blessé ; son sang coulait ; il avait besoin de secours ; et la vue des quatre Babyloniens, probablement envoyés par le roi Moabdar, le remplissait 95 d'inquiétude. Il s'avance en hâte vers le village, n'imaginant pas pourquoi quatre courriers de Babylone venaient prendre cette Égyptienne, mais encore plus étonné du caractère de cette dame.

La femme battue. Illustration de Alcide Robaudi.

CHAPITRE X
L'Esclavage

COMME il entrait dans la bourgade égyptienne, il se vit entouré par le peuple. Chacun criait : « Voilà celui qui a enlevé la belle Missouf, et qui vient d'assassiner Clétofis ! – Messieurs, dit-il, Dieu me préserve d'enlever jamais votre belle Missouf : elle est trop capricieuse ; et à l'égard de Clétofis, je ne l'ai point assassiné : je me suis défendu seulement contre lui. Il voulait me tuer, parce que je lui avais demandé très humblement grâce pour la belle Missouf, qu'il battait impitoyablement. Je suis un étranger qui vient chercher un asile dans l'Égypte ; et il n'y a pas d'apparence[1] qu'en venant demander votre protection j'aie commencé par enlever une femme, et par assassiner un homme. »

Les Égyptiens étaient alors justes et humains. Le peuple conduisit Zadig à la Maison de Ville. On commença par le faire panser de sa blessure, et ensuite on l'interrogea, lui et son domestique séparément, pour savoir la vérité. On reconnut que Zadig n'était point un assassin ; mais il était coupable du sang d'un homme ; la loi le condamnait à être esclave. On vendit au profit de la bourgade ses deux chameaux. On distribua aux habitants tout l'or qu'il avait apporté ; sa personne fut exposée en vente dans la place publique, ainsi que celle de son compagnon de voyage. Un marchand arabe, nommé Sétoc[2], y mit l'enchère ; mais le valet, plus propre à[3] la fatigue, fut vendu bien plus chèrement que le maître. On ne faisait pas de comparaison entre ces deux hommes. Zadig fut donc esclave subordonné à son valet : on les attacha ensemble avec une chaîne qu'on

---

1. **Il n'y a pas d'apparence :** il n'y a pas de raison logique.
2. **Sétoc :** de *Sadok*, qui signifie le « véridique », celui à qui on peut faire confiance.
3. **Plus propre à :** plus propre à supporter la fatigue.

leur passa aux pieds, et en cet état ils suivirent le marchand arabe dans sa maison. Zadig, en chemin, consolait son domestique et l'exhortait à la patience[1] ; mais, selon sa coutume, il faisait des réflexions sur la vie humaine. « Je vois, lui disait-il, que les malheurs de ma destinée se répandent sur la tienne. Tout m'a tourné jusqu'ici d'une façon bien étrange[2]. J'ai été condamné à l'amende pour avoir vu passer une chienne[3] ; j'ai pensé[4] être empalé pour un griffon ; j'ai été envoyé au supplice parce que j'avais fait des vers à la louange du roi ; j'ai été sur le point d'être étranglé parce que la reine avait des rubans jaunes ; et me voici esclave avec toi parce qu'un brutal a battu sa maîtresse. Allons, ne perdons point courage ; tout ceci finira peut-être ; il faut bien que les marchands arabes aient des esclaves ; et pourquoi ne le serais-je pas comme un autre, puisque je suis un homme comme un autre ? Ce marchand ne sera pas impitoyable ; il faut qu'il traite bien ses esclaves, s'il en veut tirer des services. » Il parlait ainsi, et, dans le fond de son cœur, il était occupé du sort de la reine de Babylone.

Sétoc, le marchand, partit deux jours après pour l'Arabie déserte[5], avec ses esclaves et ses chameaux. Sa tribu habitait vers le désert d'Horeb[6]. Le chemin fut long et pénible. Sétoc, dans la route, faisait bien plus de cas du valet que du maître, parce que le premier chargeait bien mieux les chameaux ; et toutes les petites distinctions furent pour lui.

---

1. **L'exhortait à la patience :** le priait d'être patient.
2. **Tout m'a tourné [...] bien étrange :** tout a tourné pour moi d'étrange manière.
3. **Avoir vu passer une chienne :** en fait, c'est de l'accusation portée contre lui que Zadig rend compte, puisqu'il n'a pas vraiment vu la chienne passer (cf. chapitre III).
4. **J'ai pensé :** j'ai manqué, j'ai failli.
5. **L'Arabie déserte :** le désert de Syrie.
6. **Le désert d'Horeb :** massif du mont Sinaï.

Chapitre X - L'Esclavage

Un chameau mourut à deux journées d'Horeb ; on répartit sa charge sur le dos de chacun des serviteurs ; Zadig en eut sa part. Sétoc se mit à rire en voyant tous ses esclaves marcher courbés. Zadig prit la liberté de lui en
60 expliquer la raison, et lui apprit les lois de l'équilibre. Le marchand, étonné, commença à le regarder d'un autre œil. Zadig, voyant qu'il avait excité sa curiosité, la redoubla en lui apprenant beaucoup de choses qui n'étaient point étrangères à son commerce ; les pesanteurs spécifiques
65 des métaux et des denrées[1] sous un volume égal ; les propriétés de plusieurs animaux utiles ; le moyen de rendre tels ceux qui ne l'étaient pas ; enfin il lui parut un sage. Sétoc lui donna la préférence sur son camarade, qu'il avait tant
70 estimé. Il le traita bien, et n'eut pas sujet de s'en repentir.

Arrivé dans sa tribu, Sétoc commença par redemander cinq cents onces d'argent à un Hébreu auquel il les avait prêtées en présence de deux témoins ; mais ces deux témoins étaient morts, et l'Hébreu, ne pouvant être
75 convaincu[2], s'appropriait l'argent du marchand, en remerciant Dieu de ce qu'il lui avait donné le moyen de tromper un Arabe. Sétoc confia sa peine à Zadig, qui était devenu son conseil[3]. « En quel endroit, demanda Zadig, prêtâtesvous vos cinq cents onces à cet infidèle[4] ? – Sur une large
80 pierre, répondit le marchand, qui est auprès du mont Horeb. – Quel est le caractère de votre débiteur ? dit Zadig. – Celui d'un fripon, reprit Sétoc. – Mais je vous demande si c'est un homme vif ou flegmatique, avisé ou imprudent. – C'est de tous les mauvais payeurs, dit Sétoc,
85 le plus vif que je connaisse. – Eh bien, insista Zadig,

---

1. **Denrées :** marchandises quelconques.
2. **Convaincu :** reconnu coupable, accusé.
3. **Conseil :** conseiller.
4. **Infidèle :** celui qui ne respecte pas la parole donnée (vient de *fides*, « la bonne foi », en latin). Mais on peut aussi comprendre que Zadig souligne le fait que l'Hébreu n'appartienne pas à la même religion que Sétoc.

permettez que je plaide votre cause devant le juge. » En
effet, il cita l'Hébreu au tribunal, et il parla ainsi au juge :
« Oreiller du Trône d'équité, je viens redemander à cet
homme, au nom de mon maître, cinq cents onces d'argent,
qu'il ne veut pas rendre. – Avez-vous des témoins ? dit le   90
juge. – Non, ils sont morts ; mais il reste une large pierre
sur laquelle l'argent fut compté ; et, s'il plaît à Votre Grandeur d'ordonner qu'on aille chercher la pierre, j'espère
qu'elle portera témoignage. Nous resterons ici, l'Hébreu et
moi, en attendant que la pierre vienne ; je l'enverrai cher-   95
cher aux dépens de[1] Sétoc, mon maître. – Très volontiers », répondit le juge. Et il se mit à expédier d'autres
affaires.

À la fin de l'audience : « Eh bien, dit-il à Zadig, votre
pierre n'est pas encore venue ? » L'Hébreu, en riant, répon-   100
dit : « Votre Grandeur resterait ici jusqu'à demain que la
pierre ne serait pas encore arrivée ; elle est à plus de six
milles[2] d'ici, et il faudrait quinze hommes pour la remuer.
– Eh bien, s'écria Zadig, je vous avais bien dit que la pierre
porterait témoignage ; puisque cet homme sait où elle est,   105
il avoue donc que c'est sur elle que l'argent fut compté. »
L'Hébreu, déconcerté, fut bientôt contraint de tout avouer.
Le juge ordonna qu'il serait lié à la pierre, sans boire ni
manger, jusqu'à ce qu'il eût rendu les cinq cents onces, qui
furent bientôt payées.   110

L'esclave Zadig et la pierre furent en grande recommandation[3] dans l'Arabie.

---

1. **Aux dépens de :** à la charge financière de.
2. **Milles :** mesure qui équivalait à environ 1 800 m.
3. **En grande recommandation :** en haute estime.

CHAPITRE XI
Le Bûcher

SÉTOC, enchanté, fit de son esclave son ami intime. Il ne pouvait pas plus se passer de lui qu'avait fait le roi de Babylone ; et Zadig fut heureux que Sétoc n'eût point de femme. Il découvrait dans son maître un naturel porté au bien, 5 beaucoup de droiture et de bon sens. Il fut fâché de voir qu'il adorait l'armée céleste[1], c'est-à-dire le soleil, la lune et les étoiles, selon l'ancien usage d'Arabie. Il lui en parlait quelquefois avec beaucoup de discrétion. Enfin il lui dit que c'étaient des corps comme les autres, qui ne méritaient pas 10 plus son hommage qu'un arbre ou un rocher. « Mais, disait Sétoc, ce sont des êtres éternels dont nous tirons tous nos avantages ; ils animent la nature ; ils règlent les saisons ; ils sont d'ailleurs si loin de nous qu'on ne peut pas s'empêcher de les révérer. – Vous recevez plus d'avantages, répondit 15 Zadig, des eaux de la mer Rouge, qui portent vos marchandises aux Indes. Pourquoi ne serait-elle pas aussi ancienne que les étoiles ? Et, si vous adorez ce qui est éloigné de vous, vous devez adorer la terre des Gangarides[2], qui est aux extrémités du monde. – Non, disait Sétoc, les étoiles 20 sont trop brillantes pour que je ne les adore pas. » Le soir venu, Zadig alluma un grand nombre de flambeaux dans la tente où il devait souper avec Sétoc ; et, dès que son patron parut, il se jeta à genoux devant ces cires[3] allumées, et leur dit : « Éternelles et brillantes clartés, soyez-moi toujours pro- 25 pices[4]. » Ayant proféré ces paroles, il se mit à table sans regarder Sétoc. « Que faites-vous donc ? lui dit Sétoc étonné. – Je fais comme vous, répondit Zadig ; j'adore ces chan-

---

1. **Armée céleste** : il s'agit d'une référence au culte des astres et des cieux, le sabisme, religion que l'on pratiquait en Arabie avant Mahomet.
2. **Gangarides** : occupants de la partie orientale du Gange, en Inde.
3. **Cires** : bougies.
4. **Propices** : favorables.

delles, et je néglige leur maître et le mien. » Sétoc comprit le sens profond de cet apologue[1]. La sagesse de son esclave entra dans son âme ; il ne prodigua[2] plus son encens aux créatures, et adora l'Être éternel qui les a faites.

Il y avait alors dans l'Arabie une coutume affreuse, venue originairement de Scythie[3], et qui, s'étant établie dans les Indes par le crédit des brahmanes[4], menaçait d'envahir tout l'Orient. Lorsqu'un homme marié était mort et que sa femme bien-aimée voulait être sainte, elle se brûlait en public sur le corps de son mari. C'était une fête solennelle qui s'appelait *le Bûcher du veuvage*. La tribu dans laquelle il y avait eu le plus de femmes brûlées était la plus considérée. Un Arabe de la tribu de Sétoc étant mort, sa veuve, nommée Almona[5], qui était fort dévote, fit savoir le jour et l'heure où elle se jetterait dans le feu au son des tambours et des trompettes. Zadig remontra à Sétoc combien cette horrible coutume était contraire au bien du genre humain ; qu'on laissait brûler tous les jours de jeunes veuves qui pouvaient donner des enfants à l'État, ou du moins élever les leurs ; et il le fit convenir qu'il fallait, si on pouvait, abolir un usage si barbare. Sétoc répondit : « Il y a plus de mille ans que les femmes sont en possession de[6] se brûler. Qui de nous osera changer une loi que le temps a consacrée ? Y a-t-il rien de plus respectable qu'un ancien abus ? – La raison est plus ancienne, reprit Zadig. Parlez aux chefs des tribus, et je vais trouver la jeune veuve. »

---

1. **Apologue :** fable, court récit délivrant une morale, un enseignement.
2. **Prodigua :** distribua avec générosité, prodigalité.
3. **Scythie :** les Scythes vivaient au nord de la mer Noire, et l'on raconte qu'ils enfermaient la femme vivante dans le tombeau du défunt mari. Cette pratique est également évoquée par Montesquieu dans les *Lettres persanes* (CXXV) et dans divers récits de voyage de l'époque, comme ceux de Bernier ou Tavernier.
4. **Brahmanes :** hommes appartenant à la caste sacerdotale la plus élevée chez les Hindous, et tirant leur nom du Dieu Brahma.
5. **Almona :** nom signifiant en arabe « celle qui est seule ».
6. **Sont en possession de :** ont pris l'habitude de.

Chapitre XI - Le Bûcher

Il se fit présenter à elle ; et, après s'être insinué dans son esprit[1] par des louanges sur sa beauté, après lui avoir dit combien c'était dommage de mettre au feu tant de charmes, il la loua encore sur sa constance[2] et sur son courage. « Vous aimiez donc prodigieusement votre mari ? dit-il. – Moi ? Point du tout, répondit la dame arabe. C'était un brutal, un jaloux, un homme insupportable ; mais je suis fermement résolue de me jeter sur son bûcher. – Il faut, dit Zadig, qu'il y ait apparemment un plaisir bien délicieux à être brûlée vive. – Ah ! cela fait frémir la nature, dit la dame ; mais il faut en passer par là. Je suis dévote ; je serais perdue de réputation, et tout le monde se moquerait de moi, si je ne me brûlais pas. » Zadig, l'ayant fait convenir qu'elle se brûlait pour les autres, et par vanité, lui parla longtemps d'une manière à lui faire aimer un peu la vie, et parvint même à lui inspirer quelque bienveillance pour celui qui lui parlait. « Que feriez-vous enfin, lui dit-il, si la vanité de vous brûler ne vous tenait pas ? – Hélas ! dit la dame, je crois que je vous prierais de m'épouser. »

Zadig était trop rempli de l'idée d'Astarté pour ne pas éluder[3] cette déclaration ; mais il alla dans l'instant trouver les chefs des tribus, leur dit ce qui s'était passé, et leur conseilla de faire une loi par laquelle il ne serait permis à une veuve de se brûler qu'après avoir entretenu[4] un jeune homme, tête à tête, pendant une heure entière. Depuis ce temps, aucune dame ne se brûla en Arabie. On eut au seul Zadig l'obligation d'avoir détruit en un jour une coutume si cruelle, qui durait depuis tant de siècles. Il était donc le bienfaiteur de l'Arabie.

---

1. **Après s'être insinué dans son esprit :** après s'être acquis sa confiance.
2. **Constance :** fermeté, résolution.
3. **Éluder :** contourner, passer outre.
4. **Avoir entretenu :** s'être entretenu avec.

CHAPITRE XII
Le Souper

SÉTOC, qui ne pouvait se séparer de cet homme en qui habitait la sagesse[1], le mena à la grande foire de Balzora[2], où devaient se rendre les plus grands négociants de la terre habitable. Ce fut pour Zadig une consolation sensible[3] de voir tant d'hommes de diverses contrées réunis dans la même place. Il lui paraissait que l'univers était une grande famille qui se rassemblait à Balzora. Il se trouva à table, dès le second jour, avec un Égyptien, un Indien gangaride, un habitant du Cathay[4], un Grec, un Celte, et plusieurs autres étrangers qui, dans leurs fréquents voyages vers le golfe Arabique[5], avaient appris assez d'arabe pour se faire entendre. L'Égyptien paraissait fort en colère. « Quel abominable pays que Balzora ! disait-il ; on m'y refuse mille onces d'or sur le meilleur effet[6] du monde. – Comment donc ! dit Sétoc ; sur quel effet a-t-on refusé cette somme ? – Sur le corps de ma tante, répondit l'Égyptien ; c'était la plus brave femme d'Égypte. Elle m'accompagnait toujours ; elle est morte en chemin : j'en ai fait une des plus belles momies que nous ayons ; et je trouverais dans mon pays tout ce que je voudrais en la mettant en gage[7]. Il est bien étrange qu'on ne veuille pas seulement me donner ici mille onces d'or sur un effet si solide. » Tout en se courrouçant[8], il était prêt de manger d'une excellente poule bouillie, quand l'Indien, le prenant par la main, s'écria avec douleur : « Ah !

---

1. **Cet homme en qui habitait la sagesse :** formule biblique.
2. **Balzora :** Bassora, port actuellement situé en Irak.
3. **Sensible :** marquée, notable.
4. **Habitant du Cathay :** c'est-à-dire un Chinois.
5. **Golfe Arabique :** mer Rouge.
6. **Effet :** valeur négociable.
7. **Gage :** en Égypte, un emprunteur devait laisser un parent momifié en gage, comme garantie qu'il paierait sa dette. S'il mourait avant d'avoir réglé sa dette, on ne lui accordait pas de sépulture.
8. **Courrouçant :** vient du courroux, de la colère.

25 qu'allez-vous faire ? – Manger de cette poule, dit l'homme
à la momie. – Gardez-vous-en bien, dit le Gangaride. Il se
pourrait faire que l'âme de la défunte fût passée dans le
corps de cette poule, et vous ne voudriez pas vous exposer
à manger votre tante. Faire cuire des poules, c'est outra-
30 ger manifestement la nature. – Que voulez-vous dire avec
votre nature et vos poules ? reprit le colérique Égyptien ;
nous adorons un bœuf[1], et nous en mangeons bien. –
Vous adorez un bœuf ! est-il possible ? dit l'homme du
Gange. – Il n'y a rien de si possible, repartit l'autre : il y a
35 cent trente-cinq mille ans que nous en usons ainsi ; et personne parmi nous n'y trouve à redire. – Ah ! cent trente-
cinq mille ans ! dit l'Indien, ce compte est un peu exagéré ;
il n'y en a que quatre-vingt mille que l'Inde est peuplée, et
assurément nous sommes vos anciens ; et Brahma nous
40 avait défendu de manger des bœufs avant que vous vous
fussiez avisés de les mettre sur les autels et à la broche.
– Voilà un plaisant animal que votre Brahma, pour le
comparer à Apis ! dit l'Égyptien ; qu'a donc fait votre
Brahma de si beau ? » Le bramin[2] répondit : « C'est lui qui
45 a appris aux hommes à lire et à écrire, et à qui toute la
terre doit le jeu des échecs. – Vous vous trompez, dit un
Chaldéen qui était auprès de lui ; c'est le poisson Oannès[3]
à qui on doit de si grands bienfaits, et il est juste de ne rendre qu'à lui ces hommages. Tout le monde vous dira que
50 c'était un être divin, qu'il avait la queue dorée, avec une
belle tête d'homme, et qu'il sortait de l'eau pour venir prê-
cher à terre trois heures par jour. Il eut plusieurs enfants,
qui furent rois, comme chacun sait. J'ai son portrait chez
moi, que je révère comme je le dois. On peut manger du
55 bœuf tant qu'on veut ; mais c'est assurément une très
grande impiété de faire cuire du poisson ; d'ailleurs vous

---

1. **Bœuf :** le taureau Apis était une divinité de l'Égypte ancienne.
2. **Bramin :** synonyme de brahmane.
3. **Oannès :** dieu chaldéen, mi-homme mi-poisson, qui serait sorti de la
mer Rouge pour enseigner les hommes.

êtes tous deux d'une origine trop peu noble et trop récente pour me rien disputer[1]. La nation égyptienne ne compte que cent trente-cinq mille ans et les Indiens ne se vantent que de quatre-vingt mille, tandis que nous avons des almanachs[2] de quatre mille siècles. Croyez-moi, renoncez à vos folies, et je vous donnerai à chacun un beau portrait d'Oannès. »

L'homme de Cambalu[3], prenant la parole, dit : « Je respecte fort les Égyptiens, les Chaldéens, les Grecs, les Celtes, Brahma, le bœuf Apis, le beau poisson Oannès ; mais peut-être que le Li ou le Tien[4], comme on voudra l'appeler, vaut bien les bœufs et les poissons. Je ne dirai rien de mon pays ; il est aussi grand que la terre d'Égypte, la Chaldée et les Indes ensemble. Je ne dispute pas d'antiquité[5], parce qu'il suffit d'être heureux, et que c'est fort peu de chose d'être ancien ; mais, s'il fallait parler d'almanachs, je dirais que toute l'Asie prend les nôtres, et que nous en avions de fort bons avant qu'on sût l'arithmétique en Chaldée.

– Vous êtes de grands ignorants tous tant que vous êtes, s'écria le Grec. Est-ce que vous ne savez pas que le chaos[6] est le père de tout, et que la forme et la matière ont mis le monde dans l'état où il est ? » Ce Grec parla longtemps ; mais il fut enfin interrompu par le Celte, qui, ayant beaucoup bu pendant qu'on disputait, se crut alors plus savant que tous les autres, et dit en jurant qu'il n'y avait que Teutath[7] et le gui[8] de chêne qui valussent la peine qu'on en

---

1. **Pour me rien disputer :** pour prétendre l'emporter sur moi.
2. **Almanachs :** calendriers.
3. **Cambalu :** Pékin.
4. **Le Li ou le Tien :** *Mots chinois qui signifient proprement : « li », la lumière naturelle, la raison, et « Tien », le ciel ; et qui signifient aussi Dieu.* (Note de Voltaire.)
5. **Je ne dispute pas d'antiquité :** je ne discute pas du passé.
6. **Chaos :** état de confusion où se trouvait l'univers avant la création.
7. **Teutath :** dieu gaulois, assimilé à Mercure dans la période gallo-romaine, auquel on offrait des hommes en sacrifice.
8. **Gui :** le culte du gui fait partie des rites druidiques.

parlât ; que, pour lui, il avait toujours du gui dans sa
poche ; que les Scythes, ses ancêtres, étaient les seuls gens
85   de bien qui eussent jamais été au monde ; qu'ils avaient, à
la vérité, quelquefois mangé des hommes, mais que cela
n'empêchait pas qu'on ne dût avoir beaucoup de respect
pour sa nation ; et qu'enfin, si quelqu'un parlait mal de
Teutath, il lui apprendrait à vivre. La querelle s'échauffa
90   pour lors, et Sétoc vit le moment où la table allait être
ensanglantée. Zadig, qui avait gardé le silence pendant
toute la dispute, se leva enfin. Il s'adressa d'abord au Celte,
comme au plus furieux ; il lui dit qu'il avait raison, et lui
demanda du gui ; il loua le Grec sur son éloquence, et
95   adoucit tous les esprits échauffés. Il ne dit que très peu de
chose à l'homme du Cathay, parce qu'il avait été le plus
raisonnable de tous. Ensuite il leur dit : « Mes amis, vous
alliez vous quereller pour rien, car vous êtes tous du
même avis. » À ce mot, ils se récrièrent tous. « N'est-il pas
100 vrai, dit-il au Celte, que vous n'adorez pas ce gui, mais
celui qui a fait le gui et le chêne ? – Assurément, répondit
le Celte. – Et vous, monsieur l'Égyptien, vous révérez
apparemment dans un certain bœuf celui qui vous a
donné les bœufs ? – Oui, dit l'Égyptien. – Le poisson Oannès,
105 continua-t-il, doit céder à celui qui a fait la mer et les poissons. – D'accord, dit le Chaldéen. – L'Indien, ajouta-t-il,
et le Cathayen reconnaissent comme vous un premier
principe[1] ; je n'ai pas trop bien compris les choses admirables que le Grec a dites, mais je suis sûr qu'il admet aussi
110 un Être supérieur, de qui la forme et la matière dépendent. » Le Grec, qu'on admirait, dit que Zadig avait très
bien pris sa pensée. « Vous êtes donc tous de même avis,
répliqua Zadig, et il n'y a pas là de quoi se quereller. » Tout
le monde l'embrassa. Sétoc, après avoir vendu fort cher ses
115 denrées, reconduisit son ami Zadig dans sa tribu. Zadig
apprit en arrivant qu'on lui avait fait son procès en son
absence, et qu'il allait être brûlé à petit feu.

---

1. **Un premier principe :** une essence qui serait à l'origine de toute chose.

Almona séduit le chef des prêtres des étoiles.

CHAPITRE XIII
Les Rendez-vous

PENDANT son voyage à Balzora, les prêtres des étoiles avaient résolu de le punir. Les pierreries et les ornements des jeunes veuves qu'ils envoyaient au bûcher leur appartenaient de droit ; c'était bien le moins qu'ils fissent brûler
5 Zadig pour le mauvais tour qu'il leur avait joué. Ils accusèrent donc Zadig d'avoir des sentiments erronés sur l'armée céleste[1] ; ils déposèrent contre lui et jugèrent qu'ils lui avaient entendu dire que les étoiles ne se couchaient pas dans la mer. Ce blasphème[2] effroyable fit frémir
10 les juges ; ils furent près de déchirer leurs vêtements quand ils ouïrent ces paroles impies, et ils l'auraient fait sans doute, si Zadig avait eu de quoi les payer. Mais, dans l'excès de leur douleur, ils se contentèrent de le condamner à être brûlé à petit feu. Sétoc, désespéré, employa en
15 vain son crédit pour sauver son ami ; il fut bientôt obligé de se taire. La jeune veuve Almona, qui avait pris beaucoup de goût à la vie et qui en avait l'obligation à Zadig, résolut de le tirer du bûcher, dont il lui avait fait connaître l'abus. Elle roula son dessein dans sa tête[3], sans en parler
20 à personne. Zadig devait être exécuté le lendemain ; elle n'avait que la nuit pour le sauver : voici comme elle s'y prit, en femme charitable et prudente[4].

Elle se parfuma, elle releva sa beauté par l'ajustement le plus riche et le plus galant, et alla demander une audience
25 secrète au chef des prêtres des étoiles. Quand elle fut devant ce vieillard vénérable, elle lui parla en ces termes : « Fils aîné de la grande Ourse, frère du Taureau, cousin du

---

1. **Armée céleste :** il s'agit d'une référence au culte des astres et des cieux, le sabisme, religion que l'on pratiquait en Arabie avant Mahomet.
2. **Blasphème :** parole sacrilège, qui insulte les dogmes religieux.
3. **Roula son dessein dans sa tête :** réfléchit à ses plans.
4. **Prudente :** sage, avisée.

Grand Chien[1] (c'étaient les titres de ce pontife[2]), je viens vous confier mes scrupules. J'ai bien peur d'avoir commis un péché énorme en ne me brûlant pas dans le bûcher de mon cher mari. En effet, qu'avais-je à conserver ? une chair périssable, et qui est déjà toute flétrie. » En disant ces paroles, elle tira de ses longues manches de soie ses bras nus, d'une forme admirable et d'une blancheur éblouissante. « Vous voyez, dit-elle, le peu que cela vaut. » Le pontife trouva dans son cœur que cela valait beaucoup. Ses yeux le dirent, et sa bouche le confirma : il jura qu'il n'avait vu de sa vie de si beaux bras. « Hélas ! lui dit la veuve, les bras peuvent être un peu moins mal que le reste ; mais vous m'avouerez que la gorge n'était pas digne de mes attentions. » Alors elle laissa voir le sein le plus charmant que la nature eût jamais formé. Un bouton de rose sur une pomme d'ivoire n'eût paru auprès que de la garance[3] sur du buis, et les agneaux sortant du lavoir auraient semblé d'un jaune brun. Cette gorge, ses grands yeux noirs qui languissaient en brillant doucement d'un feu tendre, ses joues animées de la plus belle pourpre[4] mêlée au blanc de lait le plus pur, son nez, qui n'était pas comme la tour du mont Liban[5], ses lèvres, qui étaient comme deux bordures de corail renfermant les plus belles perles de la mer d'Arabie, tout cela ensemble fit croire au vieillard qu'il avait vingt ans. Il fit en bégayant une déclaration tendre. Almona, le voyant enflammé, lui demanda la grâce de Zadig. « Hélas ! dit-il, ma belle dame, quand je vous accorderais sa grâce, mon indulgence ne servirait de

---

1. **Grande Ourse, Taureau, Grand Chien :** noms de trois constellations des plus brillantes.
2. **Pontife :** titre réservé habituellement aux évêques ; désigne ici un membre important de l'assemblée des prêtres.
3. **Garance :** plante grimpante dont on tire un colorant rouge.
4. **Pourpre :** couleur rouge foncé.
5. **Tour du mont Liban :** allusion parodique à la Bible (Cantique des cantiques) : « Votre nez est comme la tour du mont Liban regardant vers Damas. »

rien ; il faut qu'elle soit signée de trois autres de mes confrères. – Signez toujours, dit Almona. – Volontiers, dit le prêtre, à condition que vos faveurs seront le prix de ma facilité. – Vous me faites trop d'honneur, dit Almona ; ayez
60 seulement pour agréable de venir dans ma chambre après que le soleil sera couché, et dès que la brillante étoile Sheat[1] sera sur l'horizon. Vous me trouverez sur un sofa couleur de rose, et vous en userez comme vous pourrez avec votre servante. » Elle sortit alors, emportant avec elle
65 la signature, et laissa le vieillard plein d'amour et de défiance de ses forces[2]. Il employa le reste du jour à se baigner ; il but une liqueur composée de la cannelle de Ceylan et des précieuses épices de Tidor et de Ternate[3], et attendit avec impatience que l'étoile Sheat vînt à paraître.
70 Cependant la belle Almona alla trouver le second pontife. Celui-ci l'assura que le soleil, la lune et tous les feux du firmament n'étaient que des feux follets[4] en comparaison de ses charmes. Elle lui demanda la même grâce, et on lui proposa d'en donner le même prix. Elle se laissa vaincre,
75 et donna rendez-vous au second pontife au lever de l'étoile Algénib[5]. De là, elle passa chez le troisième et chez le quatrième prêtre, prenant toujours une signature et donnant un rendez-vous d'étoile en étoile. Alors elle fit avertir les juges de venir chez elle pour une affaire impor-
80 tante. Ils s'y rendirent : elle leur montra les quatre noms et leur dit à quel prix les prêtres avaient vendu la grâce de Zadig. Chacun d'eux arriva à l'heure prescrite ; chacun fut bien étonné d'y trouver ses confrères, et plus encore d'y trouver les juges, devant qui leur honte fut manifestée[6].

---

1. **Sheat :** étoile appartenant à la constellation de Pégase.
2. **Défiance de ses forces :** manque de confiance en sa vigueur sexuelle.
3. **Épices de Tidor et de Ternate :** épices récoltées dans deux îles indo-nésiennes, censées être aphrodisiaques.
4. **Feux follets :** flammes spontanées produites par la combustion d'un gaz dans la nature et qui disparaissent très rapidement.
5. **Algénib :** nouvelle étoile de la constellation de Pégase.
6. **Manifestée :** découverte.

Zadig fut sauvé. Sétoc fut si charmé par l'habileté 85
d'Almona qu'il en fit sa femme. Zadig partit après s'être
jeté aux pieds de sa belle libératrice. Sétoc et lui se quit-
tèrent en pleurant, en se jurant une amitié éternelle et en
se promettant que le premier des deux qui ferait une
grande fortune en ferait part à[1] l'autre. 90

Zadig marcha du côté de la Syrie[2], toujours pensant à la
malheureuse Astarté, et toujours réfléchissant sur le sort
qui s'obstinait à se jouer de lui et à le persécuter. « Quoi !
disait-il, quatre cents onces d'or pour avoir vu passer une
chienne ! condamné à être décapité pour quatre mauvais 95
vers à la louange du roi ! prêt à être étranglé parce que la
reine avait des babouches de la couleur de mon bonnet !
réduit en esclavage pour avoir secouru une femme qu'on
battait ! et sur le point d'être brûlé pour avoir sauvé la vie
à toutes les jeunes veuves arabes ! » 100

---

1. **En ferait part à :** en donnerait une part à.
2. **Syrie :** Zadig retourne donc vers Babylone.

Clefs d'analyse

Chapitres IX à XIII.

Compréhension

La transition narrative et le rôle du destin

- Relever les revers de fortune amenés par le chapitre X. Relier ces revers à la réflexion sociale.
- Relever les chapitres du conte où Zadig est menacé de mort.

Les effets de surprise

- Montrer que la fin des chapitres procède toujours d'un effet de surprise qui conduit la transition.
- Définir la fonction narrative et rhétorique de ces chutes.

Réflexion

Une parodie de roman courtois

- Analyser la dimension parodique du chapitre IX, élaborée à partir du roman courtois et chevaleresque.

La satire politique et sociale

- Interpréter le revers de fortune du chapitre X comme la base d'une satire politique et sociale sur le mérite de chacun, la vanité et l'éventuel arbitraire des conditions.
- Analyser les cibles de la satire des chapitres XI à XIII.

À retenir :

La narration accentue de plus en plus les effets de surprise symbolisant les aléas de la fortune. Les aventures de Zadig accueillent pleinement la réflexion sur la destinée : la narration se met à son service. Mais les revers de fortune servent aussi les attaques de Voltaire. La condition d'esclave ouvre par exemple à une satire de la justice. Les aventures que la fortune semble imposer à Zadig sont autant de figurations de la diversité essentielle à la mise en question du dogmatisme. Le conte se structure autour de la problématique de la destinée, qui provoque par ricochet les leviers ironiques de la satire des institutions.

Synthèse Chapitres IX à XIII

Lumières et religion

Personnages

Le héros à l'épreuve de la relativité

À la fin du chapitre VIII, Zadig quitte le monde connu de Babylone et éprouve la diversité en se confrontant à de nouvelles mœurs et institutions. L'exil vers l'Égypte, étape essentielle de l'apprentissage du héros, fait découvrir la diversité des coutumes, mais surtout des religions. Or, on sait que toutes les religions se considèrent au-dessus des autres, qu'elles n'ont pas l'habitude de se tolérer, car cela nierait le principe de vérité universelle, dont elles se réclament. L'expérience de la diversité débouche sur un constat de la relativité des cultures (véhiculées par les récits de voyage et les utopies philosophiques) et des contradictions des dogmes entre eux. Elle redouble le passage de Zadig à la condition d'esclave, lequel lui donne un autre point de vue sur la société. Le héros n'est plus en mesure de juger avec ce qu'on lui a appris et, dès lors, s'appuie sur le bon sens, la raison naturelle.

Langage

La voix de la raison contre les guerres dogmatiques

En effet, privé de tout repère familier, sorte de figure humoristique du chevalier errant, Zadig en revient instinctivement au guide universel : la raison. Comme il le dit à Sétoc au chapitre XI, « la raison est plus ancienne », c'est-à-dire plus légitime et fondamentale que n'importe quelle coutume édictée par telle culture, par essence relative et ponctuelle dans l'histoire de l'humanité. Le héros, contre les aléas du sort et les menées obscures de la destinée, prend la raison pour guide, ce qui fait de lui un sage.

Ainsi, dénonçant l'arbitrarité des dogmes et la diversité des religions, qui provoquent guerres et disputes, Voltaire n'en renonce pas pour autant au principe de raison universelle. Les hommes peuvent s'entendre, mais pour peu qu'ils jugent selon la raison. Voltaire a toujours lutté contre le fanatisme, non pas pour nier Dieu, mais pour opposer un déisme raisonnable et universel à des religions ritualistes, intolérantes, qui s'excluent les unes les autres.

Société

Un point de vue déiste sur le monde

Émule d'un Newton démontrant l'admirable harmonie des lois mathématiques qui ne sauraient être le fruit d'un hasard, Voltaire suppose une intelligence suprême, un Dieu horloger pour commander cette harmonie. Pour lui, se débarrasser de l'idée de Dieu reviendrait à rendre le monde incompréhensible. La diversité des religions n'annule pas Dieu mais le dogme, déstabilisant le pouvoir clérical et condamnant les excès, que l'Église justifie au nom de la vérité divine. Cependant, même si Dieu a pensé le monde, il n'intervient pas dans le cours des choses humaines (c'est la leçon anti-leibnizienne de *Candide*), et ne nous permet pas d'accéder à une vérité métaphysique, à une vision divine du cosmos.

Le déisme incarne donc une solution modérée entre christianisme et matérialisme. Voltaire n'est pas un athée, il rationalise la religion sans la détruire. Ainsi, la religion se vide de tout mystère surnaturel : elle consiste à respecter le principe divin et à pratiquer une morale raisonnable, tolérante à l'égard d'autrui. Le déisme pourrait ainsi se confondre avec un christianisme raisonnable, purgé de ses excès, excluant le péché originel qui condamne définitivement l'homme. C'est donc adapter la religion aux principes du progrès et à la confiance en l'homme, non plus en rapport avec les sphères célestes, mais avec la société des autres hommes.

CHAPITRE XIV
Le Brigand

EN ARRIVANT aux frontières qui séparent l'Arabie Pétrée[1] de la Syrie, comme il passait près d'un château assez fort[2], des Arabes armés en sortirent. Il se vit entouré ; on lui criait : « Tout ce que vous avez nous appartient, et votre personne appartient à notre maître. » Zadig pour réponse tira son épée ; son valet, qui avait du courage, en fit autant. Ils renversèrent morts les premiers Arabes qui mirent la main sur eux ; le nombre redoubla ; ils ne s'étonnèrent point[3], et résolurent de périr en combattant. On voyait deux hommes se défendre contre une multitude ; un tel combat ne pouvait durer longtemps. Le maître du château, nommé Arbogad[4], ayant vu d'une fenêtre les prodiges de valeur que faisait Zadig, conçut de l'estime pour lui. Il descendit en hâte, et vint lui-même écarter ses gens et délivrer les deux voyageurs. « Tout ce qui passe sur mes terres est à moi, dit-il, aussi bien que ce que je trouve sur les terres des autres ; mais vous me paraissez un si brave[5] homme que je vous exempte[6] de la loi commune. » Il le fit entrer dans son château, ordonnant à ses gens de le bien traiter ; et le soir Arbogad voulut souper avec Zadig.

Le seigneur du château était un de ces Arabes qu'on appelle *voleurs*[7] ; mais il faisait quelquefois de bonnes actions parmi une foule de mauvaises ; il volait avec une rapacité furieuse, et donnait libéralement[8] ; intrépide

---

1. **Arabie Pétrée :** Arabie « fortifiée de pierres ».
2. **Assez fort :** bien fortifié.
3. **Ne s'étonnèrent point :** ne s'effrayèrent pas.
4. **Arbogad :** signifie sûrement le « rapace ».
5. **Brave :** qui a de la bravoure, du courage.
6. **Je vous exempte :** je vous dispense.
7. **Voleurs :** thème topique des récits orientaux (cf. *Ali Baba et les quarante voleurs*), mais plus généralement de tout récit d'aventures.
8. **Libéralement :** généreusement.

25 dans l'action, assez doux dans le commerce [1], débauché à
table, gai dans la débauche, et surtout plein de franchise.
Zadig lui plut beaucoup ; sa conversation, qui s'anima, fit
durer le repas ; enfin Arbogad lui dit : « Je vous conseille
de vous enrôler sous moi, vous ne sauriez mieux faire ; ce
30 métier-ci n'est pas mauvais, vous pourrez un jour devenir
ce que je suis. – Puis-je vous demander, dit Zadig, depuis
quel temps vous exercez cette noble profession ? – Dès
ma plus tendre jeunesse, reprit le seigneur. J'étais valet
d'un Arabe assez habile ; ma situation m'était insuppor-
35 table. J'étais au désespoir de voir que dans toute la terre,
qui appartient également [2] aux hommes, la destinée ne
m'eût pas réservé ma portion. Je confiai mes peines à un
vieil Arabe, qui me dit : "Mon fils, ne désespérez pas : il y
avait autrefois un grain de sable qui se lamentait d'être
40 un atome ignoré dans les déserts ; au bout de quelques
années il devint diamant, et il est à présent le plus bel
ornement de la couronne du roi des Indes." Ce discours
me fit impression ; j'étais le grain de sable, je résolus de
devenir diamant. Je commençai par voler deux chevaux ;
45 je m'associai des camarades ; je me mis en état de voler
de petites caravanes ; ainsi je fis cesser peu à peu la dis-
proportion qui était d'abord entre les hommes et moi.
J'eus ma part aux biens de ce monde, et je fus même
dédommagé avec usure [3] : on me considéra beaucoup ; je
50 devins seigneur brigand ; j'acquis ce château par voie de
fait [4]. Le satrape de Syrie voulut m'en déposséder ; mais
j'étais déjà trop riche pour avoir rien à craindre : je
donnai de l'argent au satrape, moyennant quoi je conser-
vai ce château, et j'agrandis mes domaines ; il me nomma
55 même trésorier des tributs [5] que l'Arabie Pétrée payait au

---

1. **Dans le commerce :** dans l'échange.
2. **Également :** qui appartient de manière égale à tous les hommes.
3. **Avec usure :** avec intérêt, au-delà de ce qui a été investi.
4. **Par voie de fait :** en recourant à la violence, de force.
5. **Tributs :** impôts.

roi des rois[1]. Je fis ma charge de receveur[2], et point du tout celle de payeur.

« Le grand desterham[3] de Babylone envoya ici, au nom du roi Moabdar, un petit satrape pour me faire étrangler. Cet homme arriva avec son ordre : j'étais instruit de tout ; je fis étrangler en sa présence les quatre personnes qu'il avait amenées avec lui pour serrer le lacet ; après quoi je lui demandai ce que pouvait lui valoir[4] la commission de m'étrangler. Il me répondit que ses honoraires pouvaient aller à trois cents pièces d'or. Je lui fis voir clair[5] qu'il y aurait plus à gagner avec moi. Je le fis sous-brigand ; il est aujourd'hui un de mes meilleurs officiers, et des plus riches. Si vous m'en croyez, vous réussirez comme lui. Jamais la saison de voler n'a été meilleure, depuis que Moabdar est tué et que tout est en confusion dans Babylone.

– Moabdar est tué ! dit Zadig, et qu'est devenue la reine Astarté ? – Je n'en sais rien, reprit Arbogad. Tout ce que je sais, c'est que Moabdar est devenu fou, qu'il a été tué, que Babylone est un grand coupe-gorge, que tout l'empire est désolé[6], qu'il y a de beaux coups à faire encore, et que pour ma part j'en ai fait d'admirables. – Mais la reine ? dit Zadig ; de grâce, ne savez-vous rien de la destinée de la reine ? – On m'a parlé d'un prince d'Hyrcanie[7], reprit-il ; elle est probablement parmi ses concubines, si elle n'a pas été tuée dans le tumulte ; mais je suis plus curieux de butin que de nouvelles. J'ai pris plusieurs femmes dans mes courses[8] ; je n'en garde aucune ; je les vends cher quand elles sont belles, sans m'informer de ce qu'elles sont. On n'achète point le rang :

---

1. **Roi des rois :** génitif grec désignant le roi de Perse.
2. **Receveur :** percepteur des impôts.
3. **Desterham :** altération de *Delterham*, grand trésorier de l'État.
4. **Valoir :** apporter, gagner de l'argent.
5. **Clair :** clairement.
6. **Désolé :** dans un état de désolation, d'abandon.
7. **Hyrcanie :** région au sud de la mer Caspienne. Ce soulèvement se fit contre le roi Moabdar.
8. **Dans mes courses :** dans mes expéditions de pillage.

une reine qui serait laide ne trouverait pas marchand[1] ;
85 peut-être ai-je vendu la reine Astarté, peut-être est-elle
morte ; mais peu m'importe, et je pense que vous ne devez
pas vous en soucier plus que moi. » En parlant ainsi, il buvait
avec tant de courage[2], il confondait tellement toutes les
idées, que Zadig n'en put tirer aucun éclaircissement.

90 Il restait interdit, accablé, immobile. Arbogad buvait
toujours, faisait des contes[3], répétait sans cesse qu'il était
le plus heureux de tous les hommes, exhortant Zadig à se
rendre aussi heureux que lui. Enfin, doucement assoupi
par les fumées du vin, il alla dormir d'un sommeil tran-
95 quille. Zadig passa la nuit dans l'agitation la plus violente.
« Quoi ! disait-il, le roi est devenu fou ? il est tué ? Je ne
peux m'empêcher de le plaindre. L'empire est déchiré, et ce
brigand est heureux. Ô fortune ! ô destinée ! un voleur est
heureux et ce que la nature a fait de plus aimable a péri
100 peut-être d'une manière affreuse, ou vit dans un état pire
que la mort. Ô Astarté ! qu'êtes-vous devenue ? »

Dès le point du jour, il interrogea tous ceux qu'il ren-
contrait dans le château ; mais tout le monde était occupé,
personne ne lui répondit : on avait fait pendant la nuit de
105 nouvelles conquêtes, on partageait les dépouilles. Tout ce
qu'il put obtenir dans cette confusion tumultueuse, ce fut
la permission de partir. Il en profita sans tarder, plus
abîmé[4] que jamais dans ses réflexions douloureuses.

Zadig marchait inquiet, agité, l'esprit tout occupé de la
110 malheureuse Astarté, du roi de Babylone, de son fidèle
Cador, de l'heureux brigand Arbogad, de cette femme si
capricieuse que les Babyloniens avaient enlevée sur les
confins de l'Égypte ; enfin de tous les contretemps et de
toutes les infortunes qu'il avait éprouvés.

---

1. **Ne trouverait pas marchand :** ne trouverait pas acheteur.
2. **Courage :** ardeur.
3. **Faisait des contes :** racontait des histoires invraisemblables.
4. **Abîmé :** plongé.

CHAPITRE XV
Le Pêcheur

À QUELQUES LIEUES[1] du château d'Arbogad, il se trouva sur le bord d'une petite rivière, toujours déplorant sa destinée et se regardant comme le modèle du malheur. Il vit un pêcheur couché sur la rive, tenant à peine[2] d'une main languissante son filet, qu'il semblait abandonner, levant les yeux vers le ciel.

« Je suis certainement le plus malheureux de tous les hommes, disait le pêcheur. J'ai été, de l'aveu de tout le monde, le plus célèbre marchand de fromages à la crème dans Babylone, et j'ai été ruiné. J'avais la plus jolie femme qu'homme de ma sorte pût posséder, et j'en ai été trahi. Il me restait une chétive[3] maison, je l'ai vue pillée et détruite. Réfugié dans une cabane, je n'ai de ressource que ma pêche, et je ne prends pas un poisson. Ô mon filet ! je ne te jetterai plus dans l'eau, c'est à moi de m'y jeter. » En disant ces mots il se lève, et s'avance dans l'attitude d'un homme qui allait se précipiter et finir sa vie.

« Eh quoi ! se dit Zadig à lui-même, il y a donc des hommes aussi malheureux que moi ! » L'ardeur de sauver la vie au pêcheur fut aussi prompte que cette réflexion. Il court à lui, il l'arrête, il l'interroge d'un air attendri et consolant. On prétend qu'on en est moins malheureux quand on ne l'est pas seul. Mais, selon Zoroastre, ce n'est pas par malignité[4], c'est par besoin. On se sent alors entraîné vers un infortuné comme vers son semblable. La joie d'un homme heureux serait une insulte ; mais deux malheureux sont comme deux arbrisseaux faibles qui, s'appuyant l'un sur l'autre, se fortifient contre l'orage.

---

1. **À quelques lieues :** une lieue représente environ quatre kilomètres.
2. **À peine :** avec peine.
3. **Chétive :** pauvre, misérable.
4. **Malignité :** méchanceté.

Chapitre XV - Le Pêcheur

« Pourquoi succombez-vous à vos malheurs ? dit Zadig
30   au pêcheur. – C'est, répondit-il, parce que je n'y vois pas de
ressource[1]. J'ai été le plus considéré du village de Derlback[2]
auprès de Babylone, et je faisais, avec l'aide de ma femme,
les meilleurs fromages à la crème de l'empire. La reine
Astarté et le fameux ministre Zadig les aimaient passionné-
35   ment. J'avais fourni à leur maison six cents fromages. J'allai
un jour à la ville pour être payé ; j'appris, en arrivant dans
Babylone, que la reine et Zadig avaient disparu. Je courus
chez le seigneur Zadig, que je n'avais jamais vu : je trouvai
les archers du grand desterham[3], qui, munis d'un papier
40   royal, pillaient sa maison loyalement[4] et avec ordre. Je volai
aux cuisines de la reine : quelques-uns des seigneurs de la
bouche[5] me dirent qu'elle était morte ; d'autres dirent qu'elle
était en prison ; d'autres prétendirent qu'elle avait pris la
fuite ; mais tous m'assurèrent qu'on ne me payerait point
45   mes fromages. J'allai avec ma femme chez le seigneur
Orcan[6], qui était une de mes pratiques[7] : nous lui deman-
dâmes sa protection dans notre disgrâce. Il l'accorda à ma
femme, et me la refusa. Elle était plus blanche que ses fromages à la crème, qui commencèrent mon malheur ; et l'éclat
50   de la pourpre de Tyr n'était pas plus brillant que l'incarnat[8]
qui animait cette blancheur. C'est ce qui fit qu'Orcan la
retint, et me chassa de sa maison. J'écrivis à ma chère
femme la lettre d'un désespéré. Elle dit au porteur : "Ah, ah !

---

1. **Ressource** : remède, solution.
2. **Derlback** : nom inconnu, probable déformation de Diarbeck, ville du
    Kurdistan.
3. **Desterham** : altération de *Delterham*, grand trésorier de l'État.
4. **Loyalement** : en toute légalité.
5. **Seigneurs de la bouche** : officiers assignés au service de la table du roi.
6. **Orcan** : quasi-anagramme de Rohan, chevalier avec lequel Voltaire eut
    de sérieux démêlés qui conduisirent entre autres à son exil en
    Angleterre.
7. **Pratiques** : clients.
8. **Incarnat** : rouge vif et clair. Évocation flatteuse du rose de la peau
    des femmes.

oui, je sais quel est l'homme qui m'écrit, j'en ai entendu parler : on dit qu'il fait des fromages à la crème excellents ; 55
qu'on m'en apporte, et qu'on les lui paye."

« Dans mon malheur, je voulus m'adresser à la justice. Il
me restait six onces d'or : il fallut en donner deux onces à
l'homme de loi que je consultai, deux au procureur qui
entreprit mon affaire, deux au secrétaire du premier juge. 60
Quand tout cela fut fait, mon procès n'était pas encore commencé, et j'avais déjà dépensé plus d'argent que mes fromages et ma femme ne valaient. Je retournai à mon village
dans l'intention de vendre ma maison pour avoir ma femme.

« Ma maison valait bien soixante onces d'or ; mais on 65
me voyait pauvre et pressé de vendre. Le premier à qui je
m'adressai m'en offrit trente onces, le second vingt, et le
troisième dix. J'étais près enfin de conclure, tant j'étais
aveuglé, lorsqu'un prince d'Hyrcanie[1] vint à Babylone et
ravagea tout sur son passage. Ma maison fut d'abord sac- 70
cagée, et ensuite brûlée.

« Ayant ainsi perdu mon argent, ma femme et ma maison, je me suis retiré dans ce pays où vous me voyez. J'ai
tâché de subsister du métier de pêcheur : les poissons se
moquent de moi comme les hommes. Je ne prends rien, je 75
meurs de faim ; et, sans vous, auguste consolateur, j'allais
mourir dans la rivière. »

Le pêcheur ne fit point ce récit tout de suite[2] ; car à tout
moment Zadig, ému et transporté[3], lui disait : « Quoi !
vous ne savez rien de la destinée de la reine ? – Non, 80
Seigneur, répondait le pêcheur ; mais je sais que la reine et
Zadig ne m'ont point payé mes fromages à la crème, qu'on
a pris ma femme, et que je suis au désespoir. – Je me flatte,
dit Zadig, que[4] vous ne perdrez pas tout votre argent. J'ai

---

1. **Hyrcanie :** région au sud de la mer Caspienne. Ce soulèvement se fit
contre le roi Moabdar.
2. **Tout de suite :** tout à la suite, d'une seule traite.
3. **Transporté :** agité par la passion.
4. **Je me flatte [...] que :** j'aime à croire, je prétends que.

85 entendu parler de ce Zadig ; il est honnête homme ; et s'il retourne à Babylone, comme il l'espère, il vous donnera plus qu'il ne vous doit ; mais pour votre femme, qui n'est pas si honnête, je vous conseille de ne pas chercher à la reprendre. Croyez-moi, allez à Babylone ; j'y serai avant
90 vous, parce que je suis à cheval et que vous êtes à pied. Adressez-vous à l'illustre Cador ; dites-lui que vous avez rencontré son ami ; attendez-moi chez lui. Allez ; peut-être ne serez-vous pas toujours malheureux.

« Ô puissant Orosmade[1] ! continua-t-il, vous vous servez
95 de moi pour consoler cet homme ; de qui vous servirez-vous pour me consoler ? » En parlant ainsi, il donnait au pêcheur la moitié de tout l'argent qu'il avait apporté d'Arabie et le pêcheur, confondu et ravi, baisait les pieds de l'ami de Cador, et disait : « Vous êtes un ange sauveur. »

100 Cependant Zadig demandait toujours des nouvelles et versait des larmes. « Quoi ! Seigneur, s'écria le pêcheur, vous seriez donc aussi malheureux, vous qui faites du bien ? – Plus malheureux que toi cent fois, répondait Zadig. – Mais comment se peut-il faire, disait le bonhomme[2], que celui
105 qui donne soit plus à plaindre que celui qui reçoit ? – C'est que ton plus grand malheur, reprit Zadig, était le besoin, et que je suis infortuné par le cœur. – Orcan vous aurait-il pris votre femme ? » dit le pêcheur. Ce mot rappela dans l'esprit de Zadig toutes ses aventures : il répétait la liste de ses
110 infortunes, à commencer depuis la chienne de la reine jusqu'à son arrivée chez le brigand Arbogad. « Ah ! dit-il au pêcheur, Orcan mérite d'être puni. Mais d'ordinaire ce sont ces gens-là qui sont les favoris de la destinée. Quoi qu'il en soit, va chez le seigneur Cador, et attends-moi. » Ils se
115 séparèrent : le pêcheur marcha en remerciant son destin, et Zadig courut en accusant toujours le sien.

---

1. **Orosmade :** vient de *Ormuzd*, principe du bien dans la religion de Zoroastre.
2. **Bonhomme :** homme brave, simple et droit.

Le Basilic. Gravure de Dambrun.

CHAPITRE XVI
Le Basilic[1]

ARRIVÉ dans une belle prairie, il y vit plusieurs femmes qui cherchaient quelque chose avec beaucoup d'application. Il prit la liberté de s'approcher de l'une d'elles et de lui demander s'il pouvait avoir l'honneur de les aider dans
5 leurs recherches. « Gardez-vous-en bien, répondit la Syrienne ; ce que nous cherchons ne peut être touché que par des femmes. – Voilà qui est bien étrange, dit Zadig ; oserais-je vous prier de m'apprendre ce que c'est qu'il n'est permis qu'aux femmes de toucher ? – C'est un
10 basilic, dit-elle. – Un basilic, madame ? et pour quelle raison, s'il vous plaît, cherchez-vous un basilic ? – C'est pour notre seigneur et maître Ogul[2], dont vous voyez le château sur le bord de cette rivière, au bout de la prairie. Nous sommes ses très humbles esclaves ; le seigneur
15 Ogul est malade ; son médecin lui a ordonné de manger un basilic cuit dans l'eau rose[3] ; et comme c'est un animal fort rare, qui ne se laisse jamais prendre que par des femmes, le seigneur Ogul a promis de choisir pour sa femme bien-aimée celle de nous qui lui apporterait un
20 basilic : laissez-moi chercher, s'il vous plaît, car vous voyez ce qu'il m'en coûterait si j'étais prévenue[4] par mes compagnes. »

Zadig laissa cette Syrienne et les autres chercher leur basilic, et continua de marcher dans la prairie. Quand il fut
25 au bord d'un petit ruisseau, il y trouva une autre dame

---

1. **Basilic :** serpent fabuleux dont le regard était meurtrier, sauf aux femmes.
2. **Ogul :** anagramme du nom latin *gulo*, « glouton » ; *ogul* signifie « fils » en turc.
3. **Eau rose :** vaut pour « eau de rose », eau obtenue à partir de la distillation de la fleur.
4. **Prévenue :** devancée.

couchée sur le gazon, et qui ne cherchait rien. Sa taille paraissait majestueuse, mais son visage était couvert d'un voile. Elle était penchée vers le ruisseau ; de profonds soupirs sortaient de sa bouche. Elle tenait en main une petite baguette, avec laquelle elle traçait des caractères sur un sable fin qui se trouvait entre le gazon et le ruisseau. Zadig eut la curiosité de voir ce que cette femme écrivait ; il s'approcha, il vit la lettre Z, puis un A ; il fut étonné ; puis parut un D ; il tressaillit. Jamais surprise ne fut égale à la sienne, quand il vit les deux dernières lettres de son nom. Il demeura quelque temps immobile ; enfin, rompant le silence d'une voix entrecoupée ; « Ô généreuse[1] dame ! pardonnez à un étranger, à un infortuné, d'oser vous demander par quelle aventure étonnante je trouve ici le nom de Zadig tracé de votre main divine. » À cette voix, à ces paroles, la dame releva son voile d'une main tremblante, regarda Zadig, jeta un cri d'attendrissement, de surprise et de joie, et, succombant sous tous les mouvements divers qui assaillaient à la fois son âme, elle tomba évanouie entre ses bras. C'était Astarté elle-même, c'était la reine de Babylone, c'était elle que Zadig adorait, et qu'il se reprochait d'adorer ; c'était celle dont il avait tant pleuré et tant craint la destinée. Il fut un moment privé de l'usage de ses sens ; et quand il eut attaché ses regards sur les yeux d'Astarté, qui se rouvraient avec une langueur[2] mêlée de confusion et de tendresse : « Ô puissances immortelles ! s'écria-t-il, qui présidez aux destins des faibles humains, me rendez-vous Astarté ? En quel temps, en quels lieux, en quel état la revois-je ! » Il se jeta à genoux devant Astarté, et il attacha son front à la poussière de ses pieds. La reine de Babylone le relève, et le fait asseoir auprès d'elle sur le bord de ce ruisseau ; elle essuyait à plusieurs reprises ses yeux, dont les larmes recommençaient toujours à couler. Elle reprenait vingt fois

---

1. **Généreuse :** noble, bien née.
2. **Langueur :** abandon, douce mélancolie.

60 des discours que ses gémissements interrompaient ; elle
l'interrogeait sur le hasard qui les rassemblait, et prévenait
soudain ses réponses par d'autres questions. Elle entamait
le récit de ses malheurs, et voulait savoir ceux de Zadig.
Enfin tous deux ayant un peu apaisé le tumulte de leurs
65 âmes, Zadig lui conta en peu de mots par quelle aventure
il se trouvait dans cette prairie. « Mais, ô malheureuse et
respectable reine ! comment vous retrouvé-je en ce lieu
écarté, vêtue en esclave, et accompagnée d'autres femmes
esclaves qui cherchent un basilic pour le faire cuire dans
70 de l'eau rose par ordonnance du médecin ?

– Pendant qu'elles cherchent leur basilic, dit la belle
Astarté, je vais vous apprendre tout ce que j'ai souffert, et
tout ce que je pardonne au ciel depuis que je vous revois.
Vous savez que le roi mon mari trouva mauvais que vous
75 fussiez le plus aimable de tous les hommes ; et ce fut
pour cette raison qu'il prit une nuit la résolution de vous
faire étrangler et de m'empoisonner. Vous savez comme[1]
le ciel permit que mon petit muet m'avertît de l'ordre de
Sa Sublime Majesté. À peine le fidèle Cador vous eut-il
80 forcé de m'obéir et de partir qu'il osa entrer chez moi au
milieu de la nuit par une issue secrète. Il m'enleva, et me
conduisit dans le temple d'Orosmade, où le mage, son
frère, m'enferma dans une statue colossale dont la base
touche aux fondements du temple et dont la tête atteint
85 la voûte. Je fus là comme ensevelie, mais servie par le
mage et ne manquant d'aucune chose nécessaire. Cependant[2], au point du jour, l'apothicaire[3] de Sa Majesté entra
dans ma chambre avec une potion mêlée de jusquiame,
d'opium, de ciguë, d'ellébore noir et d'aconit[4] ; et un
90 autre officier alla chez vous avec un lacet de soie bleue.

---

1. **Comme :** comment, de quelle manière.
2. **Cependant :** pendant ce temps.
3. **Apothicaire :** pharmacien, celui qui prépare les potions.
4. **Jusquiame, opium, ciguë, ellébore noir, aconit :** plantes vénéneuses
   et/ou narcotiques.

On ne trouva personne. Cador, pour mieux tromper le roi, feignit de venir nous accuser tous deux. Il dit que vous aviez pris la route des Indes, et moi celle de Memphis : on envoya des satellites[1] après vous et après moi.

« Les courriers[2] qui me cherchaient ne me connaissaient pas. Je n'avais presque jamais montré mon visage qu'à vous seul, en présence et par ordre de mon époux. Ils coururent à ma poursuite, sur le portrait qu'on leur avait fait de ma personne : une femme de la même taille que moi, et qui peut-être avait plus de charmes, s'offrit à leurs regards sur les frontières de l'Égypte. Elle était éplorée, errante. Ils ne doutèrent pas que cette femme ne fût la reine de Babylone ; ils la menèrent à Moabdar. Leur méprise fit entrer d'abord le roi dans une violente colère ; mais bientôt, ayant considéré de plus près cette femme, il la trouva très belle, et fut consolé. On l'appelait Missouf. On m'a dit depuis que ce nom signifie en langue égyptienne *la belle capricieuse*. Elle l'était en effet ; mais elle avait autant d'art que de caprice. Elle plut à Moabdar. Elle le subjugua au point de se faire déclarer sa femme. Alors son caractère se développa tout entier ; elle se livra sans crainte à toutes les folies de son imagination[3]. Elle voulut obliger le chef des mages, qui était vieux et goutteux[4], de danser devant elle ; et, sur le refus du mage, elle le persécuta violemment. Elle ordonna à son grand écuyer de lui faire une tourte de confitures. Le grand écuyer eut beau lui représenter[5] qu'il n'était point pâtissier, il fallut qu'il fît la tourte ; et on le chassa parce qu'elle était trop brûlée. Elle donna la charge de grand écuyer à son nain, et la place

---

1. **Satellites :** gardes du corps (sens classique).
2. **Courriers :** messagers.
3. **Imagination :** dans l'anthropologie classique, faculté de l'âme qui s'oppose à la raison et qui désigne toute représentation formée par les sens.
4. **Goutteux :** atteint de la goutte, maladie des articulations.
5. **Lui représenter :** lui expliquer.

120 de chancelier à un page. C'est ainsi qu'elle gouverna Babylone. Tout le monde me regrettait. Le roi, qui avait été
assez honnête homme jusqu'au moment où il avait voulu
m'empoisonner et vous faire étrangler, semblait avoir noyé
ses vertus dans l'amour prodigieux qu'il avait pour la belle
125 capricieuse. Il vint au temple le grand jour du feu sacré. Je
le vis implorer les dieux pour Missouf aux pieds de la
statue où j'étais renfermée. J'élevai la voix ; je lui criai : *Les
dieux refusent les vœux d'un roi devenu tyran, qui a voulu
faire mourir une femme raisonnable pour épouser une
130 extravagante*[1]. Moabdar fut confondu[2] de ces paroles au
point que sa tête se troubla. L'oracle[3] que j'avais rendu et
la tyrannie de Missouf suffisaient pour lui faire perdre le
jugement. Il devint fou en peu de jours.

« Sa folie, qui parut un châtiment du ciel, fut le signal de
135 la révolte. On se souleva, on courut aux armes. Babylone, si
longtemps plongée dans une mollesse oisive, devint le
théâtre d'une guerre civile affreuse. On me tira du creux de
ma statue, et on me mit à la tête d'un parti. Cador courut à
Memphis pour vous ramener à Babylone. Le prince d'Hyr-
140 canie, apprenant ces funestes nouvelles, revint avec son
armée faire un troisième parti dans la Chaldée. Il attaqua le
roi, qui courut au-devant de lui avec son extravagante
Égyptienne. Moabdar mourut percé de coups. Missouf
tomba aux mains des vainqueurs. Mon malheur voulut que
145 je fusse prise moi-même par un parti hyrcanien, et qu'on me
menât devant le prince précisément dans le temps qu'on lui
amenait Missouf. Vous serez flatté, sans doute, en apprenant
que le prince me trouva plus belle que l'Égyptienne ; mais
vous serez fâché d'apprendre qu'il me destina à son sérail. Il
150 me dit fort résolument que, dès qu'il aurait fini une expédi-
tion militaire qu'il allait exécuter, il viendrait à moi. Jugez de

---

1. **Extravagante :** femme privée de raison, capricieuse.
2. **Confondu :** plongé dans un état d'abattement, de confusion.
3. **Oracle :** vérité révélée par une source transcendante, une divinité, par exemple.

ma douleur. Mes liens avec Moabdar étaient rompus, je pouvais être à Zadig, et je tombais dans les chaînes d'un barbare. Je lui répondis avec toute la fierté que me donnaient mon rang et mes sentiments. J'avais toujours entendu dire que le ciel attachait aux personnes de ma sorte un caractère de grandeur qui, d'un mot et d'un coup d'œil, faisait rentrer dans l'abaissement du plus profond respect les téméraires qui osaient s'en écarter. Je parlai en reine ; mais je fus traitée en demoiselle suivante. L'Hyrcanien, sans daigner seulement m'adresser la parole, dit à son eunuque noir que j'étais une impertinente, mais qu'il me trouvait jolie. Il lui ordonna d'avoir soin de moi, et de me mettre au régime des favorites, afin de me rafraîchir le teint et de me rendre plus digne de ses faveurs pour le jour où il aurait la commodité de m'en honorer. Je lui dis que je me tuerais ; il répliqua en riant qu'on ne se tuait point, qu'il était fait à ces façons-là[1], et me quitta comme un homme qui vient de mettre un perroquet dans sa ménagerie[2]. Quel état pour la première reine de l'univers, et, je dirai plus, pour un cœur qui était à Zadig ! »

À ces paroles, il se jeta à ses genoux et les baigna de larmes. Astarté le releva tendrement, et elle continua ainsi : « Je me voyais au pouvoir d'un barbare et rivale d'une folle avec qui j'étais renfermée. Elle me raconta son aventure d'Égypte. Je jugeai par les traits dont elle vous peignait, par le temps, par le dromadaire sur lequel vous étiez monté, par toutes les circonstances, que c'était Zadig qui avait combattu pour elle. Je ne doutai pas que vous ne fussiez à Memphis ; je pris la résolution de m'y retirer. "Belle Missouf, lui dis-je, vous êtes beaucoup plus plaisante que moi, vous divertirez bien mieux que moi le prince d'Hyrcanie. Facilitez-moi les moyens de me sauver, vous régnerez seule, vous me rendrez heureuse en vous débarrassant d'une rivale." Missouf concerta avec moi les

---

1. **Il était fait à ces façons-là :** il était habitué à ces manières.

2. **Ménagerie :** lieu où l'on garde les animaux du roi.

moyens de ma fuite. Je partis donc secrètement avec une esclave égyptienne.

« J'étais déjà près de l'Arabie, lorsqu'un fameux voleur, nommé Arbogad, m'enleva, et me vendit à des marchands
190 qui m'ont amenée dans ce château, où demeure le seigneur Ogul. Il m'a achetée sans savoir qui j'étais. C'est un homme voluptueux qui ne cherche qu'à faire grande chère, et qui croit que Dieu l'a mis au monde pour tenir table. Il est d'un embonpoint excessif, qui est toujours prêt
195 à le suffoquer. Son médecin, qui n'a que peu de crédit auprès de lui quand il digère bien, le gouverne despotiquement quand il a trop mangé. Il lui a persuadé[1] qu'il le guérirait avec un basilic cuit dans de l'eau rose. Le seigneur Ogul a promis sa main à celle de ses esclaves qui
200 lui apporterait un basilic. Vous voyez que je les laisse s'empresser à mériter cet honneur, et je n'ai jamais eu moins d'envie de trouver ce basilic que depuis que le ciel a permis que je vous revisse. »

Alors Astarté et Zadig se dirent tout ce que des sentiments
205 longtemps retenus, tout ce que leurs malheurs et leurs amours pouvaient inspirer aux cœurs les plus nobles et les plus passionnés ; et les génies qui présidaient à l'amour[2] portèrent leurs paroles jusqu'à la sphère de Vénus[3].

Les femmes rentrèrent chez Ogul sans avoir rien trouvé.
210 Zadig se fit présenter à lui, et lui parla en ces termes : « Que la santé immortelle descende du ciel pour avoir soin de tous vos jours ! Je suis médecin ; j'ai accouru vers vous sur le bruit de votre maladie, et je vous ai apporté un basilic cuit dans de l'eau rose. Ce n'est pas que je prétende vous
215 épouser. Je ne vous demande que la liberté d'une jeune esclave de Babylone que vous avez depuis quelques jours ;

---

1. **Il lui a persuadé :** il l'a persuadé.
2. **Génies qui présidaient à l'amour :** dieux de l'Amour.
3. **Vénus :** Vénus est la déesse de l'Amour dans la mythologie latine ; dans le système de Ptolémée, la « sphère de Vénus » est la quatrième des neuf sphères qui forment l'Univers.

et je consens de rester en esclavage à sa place si je n'ai pas le bonheur de guérir le magnifique seigneur Ogul. »

La proposition fut acceptée. Astarté partit pour Babylone avec le domestique de Zadig, en lui promettant de lui envoyer incessamment[1] un courrier pour l'instruire de tout ce qui se serait passé. Leurs adieux furent aussi tendres que l'avait été leur reconnaissance. Le moment où l'on se retrouve et celui où l'on se sépare sont les deux plus grandes époques de la vie, comme dit le grand livre du Zend[2]. Zadig aimait la reine autant qu'il le jurait, et la reine aimait Zadig plus qu'elle ne lui disait.

Cependant Zadig parlait ainsi à Ogul : « Seigneur, on ne mange point mon basilic, toute sa vertu doit entrer chez vous par les pores. Je l'ai mis dans une petite outre bien enflée et couverte d'une peau fine : il faut que vous poussiez cette outre de toute votre force, et que je vous la renvoie à plusieurs reprises ; et en peu de jours de régime vous verrez ce que peut mon art. » Ogul, dès le premier jour, fut tout essoufflé, et crut qu'il mourrait de fatigue. Le second, il fut moins fatigué, et dormit mieux. En huit jours il recouvra toute la force, la santé, la légèreté et la gaieté de ses plus brillantes années. « Vous avez joué au ballon, et vous avez été sobre[3], lui dit Zadig : apprenez qu'il n'y a point de basilic dans la nature, qu'on se porte toujours bien avec de la sobriété et de l'exercice, et que l'art de faire subsister ensemble l'intempérance[4] et la santé est un art aussi chimérique que la pierre philosophale[5], l'astrologie judiciaire[6] et la théologie des mages. »

---

1. **Incessamment :** rapidement, sans attendre.
2. **Zend :** commentaire de l'Avesta, livre saint de la religion de Zoroastre.
3. **Sobre :** frugal, qui mange et boit avec modération.
4. **Intempérance :** outrance, démesure.
5. **Pierre philosophale :** les alchimistes recherchaient cette pierre qui devait permettre la transmutation des métaux en or.
6. **Astrologie judiciaire :** partie de l'étude des astres qui donne le caractère d'un homme à partir de la position des planètes à sa naissance.

245   Le premier médecin d'Ogul, sentant combien cet homme était dangereux pour la médecine, s'unit avec l'apothicaire du corps[1] pour envoyer Zadig chercher des basilics dans l'autre monde. Ainsi, après avoir été toujours puni pour avoir bien fait, il était près de périr pour avoir
250   guéri un seigneur gourmand. On l'invita à un excellent dîner. Il devait être empoisonné au second service ; mais il reçut un courrier de la belle Astarté au premier. Il quitta la table, et partit. « Quand on est aimé d'une belle femme, dit le grand Zoroastre, on se tire toujours d'affaire dans ce
255   monde. »

---

1. **Du corps :** du corps des officiers.

Clefs d'analyse

Compréhension

L'apprentissage et les rencontres : à la croisée des hasards

- Relever les éléments qui font progresser l'éducation du héros.
- Relever les caractéristiques des personnages rencontrés.

Les hommes et le mal

- Chercher en quoi le personnage du brigand incarne la nature humaine en ce qu'elle a d'immoral.
- Récapituler les causes des malheurs du pêcheur. Conclure sur l'origine du mal.

Réflexion

La vraisemblance et la motivation

- Analyser la succession des trois épisodes.
- Argumenter en faveur d'une simulation du jeu du hasard sur la destinée.

Une réflexion sur la Providence

- Expliquer la fonction didactique de l'insertion des récits dans le récit.
- Interpréter la présence d'autres destinées que celle de Zadig.
- Analyser la réflexion sur la Providence.

À retenir :

Les épisodes de rencontres se multiplient pour confirmer la dimension symbolique et morale du conte. Se dessine une véritable galerie de personnages stéréotypés et schématiques qui servent à exemplifier la thèse sur le rôle de la Providence. Le traitement des personnages se départ de toute identification sensible pour imposer la réflexivité du conte. Enfin, les retrouvailles avec Astarté renvoient à la figure du destin et convoquent de nouveau la satire sociale des conditions.

Synthèse Chapitres XIV à XVI

La Providence et le problème du mal

Personnages

Le héros aux prises avec l'énigme du mal

Les chapitres XIV à XVI prolongent et accentuent la réflexion sur le problème du mal. Qui est responsable des malheurs humains ? Zadig se trouve en effet confronté à des récits qui semblent violer les lois logiques de la morale qui voudraient qu'un vertueux soit heureux (le pêcheur, Astarté), tandis qu'un voleur immoral ne le soit pas. Or, c'est bien le contraire qui se produit. Dieu serait-il donc injuste ? L'univers ne serait-il qu'un chaos où le hasard provoque les événements ? Est-ce que l'existence du mal doit faire conclure qu'il n'y a pas de Providence ? Même si l'on constate dans ces trois récits que les passions humaines (cupidité, jalousie, envie, haine) causent les infortunes des personnages, la question demeure tout entière, car la seule responsabilité humaine ne saurait expliquer les aventures de Zadig. Ainsi, le conte de Voltaire hésite entre le providentialisme (c'est Dieu qui décide des événements) et le hasard (cause fortuite). En outre, si l'on reconnaît l'existence de la Providence, pourquoi la volonté de Dieu autorise-t-elle le mal à s'accomplir ?

Langage

Philosophie ou théologie face à la Providence ?

Le débat théologique sur la Providence repose sur une contradiction : comment poser à la fois la perfection divine (véracité, bonté, toute-puissance, infinité) et comprendre l'existence du mal et de l'injustice sur terre, si ce Dieu a tout créé ? La théologie chrétienne a résolu ce paradoxe grâce à la doctrine du péché originel : l'homme seul est pécheur. Dieu a mis en l'homme un libre arbitre qui l'autorise à choisir le mal et l'en rend responsable. L'innocence de Dieu est donc sauve. Cependant, jusqu'où va la liberté humaine ? L'homme est-il assez libre pour n'être déterminé par aucune autre force que sa propre volonté ? Peu de philosophies vont en ce sens. D'autre part, certaines catastrophes naturelles (cf. la réflexion sur le tremblement de terre de Lisbonne) accablent des innocents sans que nul homme n'en soit responsable. Qu'en est-il du rôle de Dieu dans cette forme apparente d'injustice ? La notion de Providence vient alors résoudre le paradoxe : les malheurs que nous croyons tels ne sont injustifiables et incompréhensibles qu'aux yeux de l'homme, mais ils participent du parfait projet divin. À l'échelle humaine, ce qui semble chaos n'en est pas moins ordre aux yeux de Dieu. C'est ce que dit le proverbe « À quelque chose malheur est bon ». Seul Dieu sait où va le monde et maîtrise la raison des choses.

Société

La querelle Leibniz-Voltaire

Voltaire a placé le problème moral de la liberté au cœur de ses réflexions. Le choix du conte philosophique participe de ce vif intérêt. Le conte n'est pas un traité philosophique, il n'a pas à démontrer ni à conclure, mais il peut figurer les jeux du hasard, du destin et de la liberté sur l'existence humaine. Voltaire fut inspiré dans cette voie par deux grands philosophes : Spinoza (1632-1677), qui défend que les actions humaines comme celle de Dieu sont régies par la nécessité (véritable position athée à cette époque) ; Leibniz (1646-1716), grand adversaire du précédent, qui nie la liberté humaine en la soumettant à la perfection infinie de l'entendement et de la volonté de Dieu. Pour caractériser la pensée de Leibniz, on parle de « providentialisme », doctrine établissant que tout événement est voulu et causé par Dieu, ce qui en vient à nier l'existence de la liberté humaine, position que Voltaire refuse d'adopter. Pour notre conteur, l'homme subit l'influence de la Providence sans être pour autant privé totalement de liberté.

Synthèse Chapitres XIV à XVI

Leibniz fut dès lors la cible privilégiée des railleries de Voltaire (cf. *Candide* et la caricature de Pangloss) : il était non seulement métaphysicien, philosophe au système achevé, mais penseur d'une Providence parfaite régnant sur le destin humain. Dans ses *Essais de théodicée* (1710), Leibniz concilie l'existence du mal et la justice divine. Si l'univers semble imparfait, c'est parce que nous ne pouvons en percevoir la totalité qui, elle, répond d'une parfaite harmonie. C'est aussi que chaque être (chaque monade, selon la terminologie leibnizienne) tend à sa réalisation en dépit des autres, d'où certains conflits ou malheurs. Mais l'univers n'eût pu être plus parfait qu'il est : Dieu a créé « le meilleur des mondes possibles ». Tout n'est pas bien, mais le Tout est parfait, harmonieux. La création est alors une sorte d'équilibre d'où la liberté humaine est absente.

Voltaire s'est toujours méfié des systèmes abstraits, qui lui paraissaient stériles. Dans une lettre du 13 mars 1739, il écrit : « Toute la *Théodicée* de Leibniz ne vaut pas une expérience de Nollet [le physicien]. » Conteur ironique avant d'être philosophe, expérimentant les genres plutôt que concluant sur la métaphysique, Voltaire règle son compte à Leibniz dans *Zadig* (cf. en particulier le chapitre XVIII), mais surtout dans *Candide*. Voltaire défend l'idée de progrès, il n'est pas pessimiste dans son ironie, mais la « rage de soutenir que tout est bien quand tout va mal » l'exaspère. Il répugne aux réponses par les systèmes métaphysiques et leur préfère l'exploration. Pour lui, comme on le comprend par une lecture attentive de *Zadig*, l'homme ne peut pas saisir le mystère de l'existence : on n'a pas accès à la science des causes premières, à la métaphysique. Autant laisser ces questions à d'autres genres, à d'autres formes, à d'autres hommes, car le destin n'est écrit nulle part, car les événements se rebiffent toujours contre toute interprétation philosophique préétablie. Pour Voltaire, l'existence est en excès, sans logique, à expérimenter et non à théoriser.

CHAPITRE XVII
Les Combats

LA REINE avait été reçue à Babylone avec les transports[1] qu'on a toujours pour une belle princesse qui a été malheureuse. Babylone alors paraissait être plus tranquille. Le prince d'Hyrcanie avait été tué dans un combat. Les Babyloniens, vainqueurs, déclarèrent qu'Astarté épouserait celui qu'on choisirait pour souverain. On ne voulut point que la première place du monde, qui serait celle de mari d'Astarté et de roi de Babylone, dépendît des intrigues et des cabales[2]. On jura de reconnaître pour roi le plus vaillant et le plus sage. Une grande lice[3], bordée d'amphithéâtres[4] magnifiquement ornés, fut formée à quelques lieues de la ville. Les combattants devaient s'y rendre armés de toutes pièces. Chacun d'eux avait derrière les amphithéâtres un appartement séparé où il ne devait être vu ni connu de personne. Il fallait courir quatre lances[5]. Ceux qui seraient assez heureux pour vaincre quatre chevaliers devraient combattre ensuite les uns contre les autres ; de façon que celui qui resterait le dernier maître du champ[6] serait proclamé le vainqueur des jeux. Il devait revenir quatre jours après, avec les mêmes armes, et expliquer les énigmes[7] proposées par les mages. S'il

---

1. **Transports :** dans le contexte, manifestations de joie.
2. **Cabales :** complots, menées secrètes.
3. **Lice :** cirque, arène, lieu où se déroule le combat.
4. **Amphithéâtres :** ici, gradins où s'asseient les spectateurs.
5. **Courir quatre lances :** affronter quatre adversaires successifs pour être admis en finale ; « courir des lances » signifie « se précipiter lance en avant », comme quand on charge dans un tournoi.
6. **Du champ :** du terrain du combat, de l'arène.
7. **Énigmes :** ici, la situation rappelle l'histoire d'Œdipe, qui arriva à Thèbes en ayant résolu l'énigme de la sphinge, grâce à quoi il put devenir roi et épouser la reine Jocaste, sa propre mère.

n'expliquait point les énigmes, il n'était point roi, et il fallait recommencer à courir des lances jusqu'à ce qu'on trouvât un homme qui fût vainqueur dans ces deux combats ; car on voulait absolument pour roi le plus vaillant et le plus sage. La reine, pendant tout ce temps, devait être étroitement gardée : on lui permettait seulement d'assister aux jeux, couverte d'un voile ; mais on ne souffrait pas qu'elle parlât à aucun des prétendants, afin qu'il n'y eût ni faveur ni injustice.

Voilà ce qu'Astarté faisait savoir à son amant[1], espérant qu'il montrerait pour elle plus de valeur et d'esprit que personne. Il partit, et pria Vénus de fortifier son courage et d'éclairer son esprit. Il arriva sur le rivage de l'Euphrate la veille de ce grand jour. Il fit inscrire sa devise[2] parmi celles des combattants, en cachant son visage et son nom, comme la loi l'ordonnait, et alla se reposer dans l'appartement qui lui échut par le sort. Son ami Cador, qui était revenu à Babylone après l'avoir inutilement cherché en Égypte, fit porter dans sa loge une armure complète que la reine lui envoyait. Il lui fit amener aussi de sa part le plus beau cheval de Perse. Zadig reconnut Astarté à ces présents : son courage et son amour en prirent de nouvelles forces et de nouvelles espérances.

Le lendemain, la reine étant venue se placer sous un dais[3] de pierreries, et les amphithéâtres étant remplis de toutes les dames et de tous les ordres[4] de Babylone, les combattants parurent dans le cirque[5]. Chacun d'eux vint mettre sa devise aux pieds du grand mage. On tira au sort les devises ; celle de Zadig fut la dernière. Le premier qui s'avança était un seigneur très riche, nommé Itobad, fort

---

1. **À son amant :** à celui qui l'aime (sens classique).
2. **Devise :** emblème du chevalier alliant un symbole imagé et une formule ; blason.
3. **Dais :** tenture tendue au-dessus d'un trône.
4. **Les ordres :** l'ensemble des classes sociales.
5. **Cirque :** arène.

vain[1], peu courageux, très maladroit, et sans esprit. Ses domestiques l'avaient persuadé qu'un homme comme lui devait être roi ; il leur avait répondu : « Un homme comme moi doit régner. » Ainsi on l'avait armé de pied en cap. Il portait une armure d'or émaillée de vert[2], un panache vert, une lance ornée de rubans verts. On s'aperçut d'abord[3], à la manière dont Itobad gouvernait son cheval, que ce n'était pas un homme comme lui à qui le ciel réservait le sceptre de Babylone. Le premier cavalier qui courut contre lui le désarçonna ; le second le renversa sur la croupe de son cheval, les deux jambes en l'air et les bras étendus. Itobad se remit, mais de si mauvaise grâce que tout l'amphithéâtre se mit à rire. Un troisième ne daigna pas se servir de sa lance ; mais, en lui faisant une passe[4], il le prit par la jambe droite, et, lui faisant faire un demi-tour, il le fit tomber sur le sable ; les écuyers des jeux accoururent à lui en riant et le remirent en selle. Le quatrième combattant le prend par la jambe gauche, et le fait tomber de l'autre côté. On le conduisit avec des huées à sa loge, où il devait passer la nuit, selon la loi ; et il disait en marchant à peine[5] : « Quelle aventure pour un homme comme moi ! »

Les autres chevaliers s'acquittèrent mieux de leur devoir. Il y en eut qui vainquirent deux combattants de suite ; quelques-uns allèrent jusqu'à trois. Il n'y eut que le prince Otame qui en vainquit quatre. Enfin Zadig combattit à son tour : il désarçonna quatre cavaliers de suite avec toute la grâce possible. Il fallut donc voir qui serait vainqueur d'Otame ou de Zadig. Le premier portait des armes bleues et or, avec un panache de même ; celles de Zadig étaient blanches. Tous les vœux se partageaient entre le cavalier bleu et le cavalier blanc. La reine, à qui le

---

1. **Vain :** vaniteux.
2. **Vert :** couleur des nouveaux chevaliers.
3. **D'abord :** au premier regard, d'entrée de jeu, immédiatement.
4. **Passe :** terme d'escrime.
5. **À peine :** avec peine.

cœur palpitait, faisait des prières au ciel pour la couleur blanche.

85   Les deux champions firent des passes et des voltes[1] avec tant d'agilité, ils se donnèrent de si beaux coups de lance, ils étaient si fermes sur leurs arçons, que tout le monde, hors la reine[2], souhaitait qu'il y eût deux rois dans Babylone. Enfin, leurs chevaux étant lassés, et leurs lances rompues, Zadig usa de cette adresse : il passe derrière le prince bleu, s'élance sur la croupe de son cheval, le prend par le milieu du corps, le jette à terre, se met en selle à sa place et caracole[3] autour d'Otame étendu sur la place. Tout l'amphithéâtre crie : « Victoire au cavalier blanc ! »

95 Otame, indigné, se relève, tire son épée ; Zadig saute de cheval, le sabre à la main. Les voilà tous deux sur l'arène, livrant un nouveau combat, où la force et l'agilité triomphent tour à tour. Les plumes de leur casque, les clous de leurs brassards[4], les mailles de leur armure sautent au loin sous

100 mille coups précipités. Ils frappent de pointe et de taille[5], à droite, à gauche, sur la tête, sur la poitrine ; ils reculent, ils avancent, ils se mesurent, ils se rejoignent, ils se saisissent, ils se replient comme des serpents, ils s'attaquent comme des lions ; le feu jaillit à tout moment des coups qu'ils se

105 portent. Enfin Zadig, ayant un moment repris ses esprits, s'arrête, fait une feinte, passe sur Otame, le fait tomber, le désarme, et Otame s'écrie : « Ô chevalier blanc ! c'est vous qui devez régner sur Babylone. » La reine était au comble de la joie. On reconduisit le chevalier bleu et le chevalier

110 blanc chacun à sa loge, ainsi que tous les autres, selon ce qui était porté par la loi. Des muets vinrent les servir et leur apporter à manger. On peut juger si le petit muet de la reine ne fut pas celui qui servit Zadig. Ensuite on les laissa

---

1. **Voltes :** mouvements circulaires effectués en équitation.
2. **Hors la reine :** la reine exceptée.
3. **Caracole :** fait exécuter des demi-tours à son cheval.
4. **Brassards :** partie de l'armure qui protège les bras.
5. **De pointe et de taille :** de la pointe de l'épée, puis du côté tranchant.

dormir seuls jusqu'au lendemain matin, temps où le
vainqueur devait apporter sa devise au grand mage, pour   115
la confronter et se faire reconnaître.

Zadig dormit, quoique amoureux, tant il était fatigué.
Itobad, qui était couché auprès de lui, ne dormit point. Il se
leva pendant la nuit, entra dans sa loge, prit les armes
blanches de Zadig avec sa devise, et mit son armure verte   120
à la place. Le point du jour étant venu, il alla fièrement au
grand mage déclarer qu'un homme comme lui était vainqueur. On ne s'y attendait pas ; mais il fut proclamé pendant que Zadig dormait encore. Astarté, surprise et le
désespoir dans le cœur, s'en retourna dans Babylone. Tout   125
l'amphithéâtre était déjà presque vide lorsque Zadig
s'éveilla ; il chercha ses armes, et ne trouva que cette
armure verte. Il était obligé de s'en couvrir, n'ayant rien
autre chose auprès de lui. Étonné et indigné, il les endosse
avec fureur, il avance dans cet équipage [1].   130

Tout ce qui était encore sur l'amphithéâtre et dans le
cirque le reçut avec des huées. On l'entourait ; on lui insultait [2] en face. Jamais homme n'essuya des mortifications [3] si
humiliantes. La patience lui échappa ; il écarta à coups de
sabre la populace qui osait l'outrager ; mais il ne savait   135
quel parti prendre. Il ne pouvait voir la reine ; il ne pouvait
réclamer l'armure blanche qu'elle lui avait envoyée : c'eût
été la compromettre ; ainsi, tandis qu'elle était plongée
dans la douleur, il était pénétré de fureur et d'inquiétude.
Il se promenait sur les bords de l'Euphrate, persuadé que   140
son étoile le destinait à être malheureux sans ressource,
repassant dans son esprit toutes ses disgrâces, depuis
l'aventure de la femme qui haïssait les borgnes jusqu'à
celle de son armure. « Voilà ce que c'est, disait-il, de m'être
éveillé trop tard ; si j'avais moins dormi, je serais roi de   145
Babylone, je posséderais Astarté. Les sciences, les mœurs,

---

1. **Équipage :** habillement.
2. **On lui insultait :** on le défiait, on le provoquait.
3. **Mortifications :** humiliations, vexations.

le courage n'ont donc jamais servi qu'à mon infortune. » Il lui échappa enfin de murmurer contre la Providence, et il fut tenté de croire que tout était gouverné par une des-
150 tinée cruelle qui opprimait les bons et qui faisait prospérer les chevaliers verts. Un de ses chagrins était de porter cette armure verte qui lui avait attiré tant de huées. Un marchand passa, il la lui vendit à vil prix, et prit du marchand une robe et un bonnet long[1]. Dans cet équipage, il côtoyait
155 l'Euphrate[2], rempli de désespoir, et accusant en secret la Providence[3], qui le persécutait toujours.

---

1. **Une robe et un bonnet long :** la gandoura et la chéchia, formant le costume oriental traditionnel.
2. **Côtoyait l'Euphrate :** longeait le côté, la rive de l'Euphrate.
3. **Providence :** gouvernement divin ; destin décidé par Dieu.

Clefs d'analyse
Chapitre XVII.

Compréhension

Le conte et la mythologie

- Chercher à quelle histoire mythique se réfère ce chapitre.
- Relever les effets parodiques et moraux d'une telle réécriture.

L'apprentissage et le combat : l'épreuve topique de la virilité

- Chercher à quel type de roman renvoie la scène de tournoi.
- Définir la tonalité du premier récit de combat.
- Chercher la raison de la présence récurrente du combat et de la thématique du courage dans le conte. Conclure sur l'héroïsme.

Réflexion

Le sérieux et l'ironie : le savant mélange du conte voltairien

- À la fin du chapitre, on lit : « Il fut tenté de croire que tout était gouverné par une destinée cruelle qui opprimait les bons et qui faisait prospérer les chevaliers verts. » Analyser la discordance amusante entre sérieux et ironie, réflexion et parodie.

À retenir :

Un épisode comme celui du combat viril, qui met en jeu l'obtention de la Dame comme récompense du courage, relance la question du mérite contre la chance, c'est-à-dire de la récompense providentielle contre l'injuste hasard. Mais, non content de participer directement à l'élaboration de la philosophie voltairienne, ce chapitre réaffirme le comique. Il s'agit, selon l'idéal classique, de « plaire en instruisant », d'amuser le lecteur par l'humour tout en proposant une réflexion sérieuse sur le bonheur et sa justice. Est-ce toujours les bons qui sont heureux ? Le conte semble pour l'instant infirmer cette hypothèse. C'est par un savant mélange de comique et de sérieux que Voltaire donne toute sa mesure à une réflexion expérimentale sur la notion de destinée.

CHAPITRE XVIII
L'Ermite

IL RENCONTRA en marchant un ermite[1] dont la barbe
blanche et vénérable lui descendait jusqu'à la ceinture. Il
tenait en main un livre qu'il lisait attentivement. Zadig
s'arrêta, et lui fit une profonde inclination[2]. L'ermite le
5 salua d'un air si noble et si doux que Zadig eut la curiosité de l'entretenir. Il lui demanda quel livre il lisait.
« C'est le livre des Destinées, dit l'ermite ; voulez-vous
en lire quelque chose ? » Il mit le livre dans les mains de
Zadig qui, tout instruit qu'il était dans plusieurs langues,
10 ne put déchiffrer un seul caractère du livre. Cela redoubla encore sa curiosité. « Vous me paraissez bien chagrin, lui dit ce bon père. – Hélas ! que j'en ai sujet[3] ! dit
Zadig. – Si vous permettez que je vous accompagne,
repartit le vieillard, peut-être vous serai-je utile. J'ai quel-
15 quefois répandu des sentiments de consolation dans
l'âme des malheureux. » Zadig se sentit du respect pour
l'air, pour la barbe et pour le livre de l'ermite. Il lui
trouva dans la conversation des lumières supérieures.
L'ermite parlait de la destinée, de la justice, de la morale,
20 du souverain bien[4], de la faiblesse humaine, des vertus
et des vices, avec une éloquence si vive et si touchante
que Zadig se sentit entraîné vers lui par un charme[5]
invincible. Il le pria avec instance de ne le point quitter,
jusqu'à ce qu'ils fussent de retour à Babylone. « Je vous
25 demande moi-même cette grâce, lui dit le vieillard ;

---

1. **Ermite :** religieux vivant dans la solitude et à l'écart du monde.
2. **Lui fit une profonde inclination :** le salua en faisant une révérence
   respectueuse.
3. **Que j'en ai sujet :** comme j'ai de raisons d'avoir du chagrin.
4. **Souverain bien :** bien suprême, principe absolu dans l'échelle des
   valeurs. Il s'agit d'un idéal aussi bien philosophique que religieux.
5. **Charme :** attrait.

jurez-moi par Orosmade[1] que vous ne vous séparerez point de moi d'ici à quelques jours, quelque chose que je fasse[2]. » Zadig jura, et ils partirent ensemble.

Les deux voyageurs arrivèrent le soir à un château superbe. L'ermite demanda l'hospitalité pour lui et pour le jeune homme qui l'accompagnait. Le portier, qu'on aurait pris pour un grand seigneur, les introduisit avec une espèce de bonté dédaigneuse. On les présenta à un principal domestique[3], qui leur fit voir les appartements magnifiques du maître. Ils furent admis à sa table, au bas bout[4], sans que le seigneur du château les honorât d'un regard ; mais ils furent servis comme les autres, avec délicatesse[5] et profusion. On leur donna ensuite à laver[6] dans un bassin d'or garni d'émeraudes et de rubis. On les mena coucher dans un bel appartement, et le lendemain matin un domestique leur apporta à chacun une pièce d'or, après quoi on les congédia[7].

« Le maître de la maison, dit Zadig en chemin, me paraît être un homme généreux, quoique un peu fier ; il exerce noblement l'hospitalité. » En disant ces paroles, il aperçut qu'une espèce de poche très large que portait l'ermite paraissait tendue et enflée : il y vit le bassin d'or garni de pierreries, que celui-ci avait volé. Il n'osa d'abord en rien témoigner[8] ; mais il était dans une étrange surprise.

Vers le midi, l'ermite se présenta à la porte d'une maison très petite où logeait un riche avare ; il y demanda l'hospi-

---

1. **Orosmade :** vient de *Ormuzd*, principe du bien dans la religion de Zoroastre.
2. **Quelque chose que je fasse :** quelle que soit la chose que je fasse.
3. **Principal domestique :** domestique principal.
4. **Au bas bout :** au bout de la table, à la place des pauvres ou de ceux qui sont de condition inférieure.
5. **Délicatesse :** raffinement.
6. **À laver :** de quoi se laver.
7. **Congédia :** on leur fit comprendre qu'ils devaient partir.
8. **Il n'osa d'abord en rien témoigner :** il n'osa pas montrer son étonnement de prime abord.

talité pour quelques heures. Un vieux valet mal habillé le
reçut d'un ton rude, et fit entrer l'ermite et Zadig dans l'écurie, où on leur donna quelques olives pourries, du mauvais
55 pain et de la bière gâtée. L'ermite but et mangea d'un air
aussi content que la veille ; puis, s'adressant à ce vieux
valet, qui les observait tous deux pour voir s'ils ne volaient
rien et qui les pressait de partir, il lui donna les deux pièces
d'or qu'il avait reçues le matin et le remercia de toutes ses
60 attentions. « Je vous prie, ajouta-t-il, faites-moi parler à votre
maître. » Le valet, étonné, introduisit les deux voyageurs.
« Magnifique[1] seigneur, dit l'ermite, je ne puis que vous
rendre de très humbles grâces de la manière noble dont
vous nous avez reçus. Daignez accepter ce bassin d'or
65 comme un faible gage de ma reconnaissance. » L'avare fut
près de tomber à la renverse. L'ermite ne lui donna pas le
temps de revenir de son saisissement[2] ; il partit au plus vite
avec son jeune voyageur. « Mon père, lui dit Zadig, qu'est-ce
que tout ce que je vois ? Vous ne me paraissez ressembler
70 en rien aux autres hommes : vous volez un bassin d'or garni
de pierreries à un seigneur qui vous reçoit magnifiquement,
et vous le donnez à un avare qui vous traite avec indignité.
– Mon fils, répondit le vieillard, cet homme magnifique, qui
ne reçoit les étrangers que par vanité et pour faire admirer
75 ses richesses, deviendra plus sage ; l'avare apprendra à exercer l'hospitalité : ne vous étonnez de rien, et suivez-moi. »
Zadig ne savait encore s'il avait affaire au plus fou ou au
plus sage de tous les hommes ; mais l'ermite parlait avec
tant d'ascendant[3] que Zadig, lié d'ailleurs par son serment,
80 ne put s'empêcher de le suivre.

Ils arrivèrent le soir à une maison agréablement bâtie,
mais simple, où rien ne sentait ni la prodigalité[4] ni
l'avarice. Le maître était un philosophe retiré du monde,

---

1. **Magnifique :** grand, généreux.
2. **Saisissement :** fait d'être saisi de stupeur, étonné.
3. **Ascendant :** autorité, prestance.
4. **Prodigalité :** largesse, générosité.

qui cultivait en paix la sagesse et la vertu, et qui cependant ne s'ennuyait pas. Il s'était plu à bâtir cette retraite, dans laquelle il recevait les étrangers avec une noblesse qui n'avait rien de l'ostentation[1]. Il alla lui-même au-devant des deux voyageurs, qu'il fit reposer d'abord dans un appartement commode[2]. Quelque temps après, il les vint prendre lui-même pour les inviter à un repas propre et bien entendu[3], pendant lequel il parla avec discrétion[4] des dernières révolutions de Babylone. Il parut sincèrement attaché à la reine, et souhaita que Zadig eût paru dans la lice[5] pour disputer la couronne. « Mais les hommes, ajouta-t-il, ne méritent pas d'avoir un roi comme Zadig. » Celui-ci rougissait et sentait redoubler ses douleurs. On convint dans la conversation que les choses de ce monde n'allaient pas toujours au gré des plus sages[6]. L'ermite soutint toujours qu'on ne connaissait pas les voies de la Providence, et que les hommes avaient tort de juger d'un tout dont ils n'apercevaient que la plus petite partie[7].

On parla des passions. « Ah ! qu'elles sont funestes[8] ! disait Zadig. – Ce sont les vents qui enflent les voiles du vaisseau, repartit l'ermite : elles le submergent quelquefois ; mais sans elles il ne pourrait voguer. La bile[9] rend colère et malade ; mais sans la bile l'homme ne

---

1. **Ostentation :** montre, étalage outrancier.
2. **Commode :** pourvu de toutes les commodités, confortable.
3. **Propre et bien entendu :** convenable et bien conçu, équilibré.
4. **Avec discrétion :** avec discernement, raison, jugement.
5. **Dans la lice :** dans la course, dans le combat pour la couronne.
6. **Au gré des plus sages :** selon les désirs des plus sages.
7. **Un tout dont ils n'apercevaient que la plus petite partie :** référence à la doctrine de Leibniz selon laquelle le mal est une erreur du jugement humain, lequel ne peut juger du tout à partir de la petite partie qu'il aperçoit.
8. **Funestes :** passions qui conduisent à la mort, au malheur.
9. **Bile :** une des quatre humeurs dans la médecine ancienne, qui associait la bile jaune au caractère colérique.

saurait vivre. Tout est dangereux ici-bas, et tout est nécessaire[1]. »

110 On parla de plaisir, et l'ermite prouva que c'est un présent de la Divinité : « Car, dit-il, l'homme ne peut se donner ni sensations ni idées, il reçoit tout[2] ; la peine et le plaisir lui viennent d'ailleurs, comme son être[3]. »

Zadig admirait comment un homme, qui avait fait des 115 choses si extravagantes, pouvait raisonner si bien. Enfin, après un entretien aussi instructif qu'agréable, l'hôte reconduisit ses deux voyageurs dans leur appartement, en bénissant le ciel qui lui avait envoyé deux hommes si sages et si vertueux. Il leur offrit de l'argent d'une manière 120 aisée et noble qui ne pouvait déplaire. L'ermite le refusa, et lui dit qu'il prenait congé de lui, comptant partir pour Babylone avant le jour. Leur séparation fut tendre ; Zadig se sentait plein d'estime et d'inclination[4] pour un homme si aimable.

125 Quand l'ermite et lui furent dans leur appartement, ils firent longtemps l'éloge de leur hôte. Le vieillard au point du jour éveilla son camarade. « Il faut partir, dit-il ; mais, tandis que tout le monde dort encore, je veux laisser à cet homme un témoignage de mon estime et de mon affec-130 tion. » En disant ces mots, il prit un flambeau, et mit le feu à la maison. Zadig, épouvanté, jeta des cris, et voulut l'empêcher de commettre une action si affreuse. L'ermite l'entraînait par une force supérieure ; la maison était enflammée. L'ermite, qui était déjà assez loin avec son 135 compagnon, la regardait brûler tranquillement. « Dieu

---

1. **Tout est nécessaire :** nouvelle allusion au système leibnizien, où tout est pour le mieux, garanti et voulu par la perfection de l'intelligence divine, donc, où tout est nécessaire, opposé au hasard.
2. **Il reçoit tout :** référence à la doctrine philosophique de l'innéité, c'est-à-dire au fait que tout en l'homme est inné (et non acquis au hasard).
3. **Son être :** formules inspirées *De la recherche de la vérité* (1673-1674) du philosophe et théologien Malebranche.
4. **Inclination :** penchant favorable pour quelqu'un, intérêt, sensibilité à sa personne.

merci ! dit-il, voilà la maison de mon cher hôte détruite de fond en comble ! L'heureux homme ! » À ces mots Zadig fut tenté à la fois d'éclater de rire, de dire des injures au révérend père, de le battre, et de s'enfuir. Mais il ne fit rien de tout cela, et, toujours subjugué par l'ascendant de l'ermite, il le suivit malgré lui à la dernière couchée[1].

Ce fut chez une veuve charitable et vertueuse qui avait un neveu de quatorze ans, plein d'agréments[2], et son unique espérance. Elle fit du mieux qu'elle put les honneurs de sa maison. Le lendemain, elle ordonna à son neveu d'accompagner les voyageurs jusqu'à un pont qui, étant rompu depuis peu, était devenu un passage dangereux. Le jeune homme, empressé, marche au-devant d'eux. Quand ils furent sur le pont : « Venez, dit l'ermite au jeune homme, il faut que je marque ma reconnaissance à votre tante. » Il le prend alors par les cheveux et le jette dans la rivière. L'enfant tombe, reparaît un moment sur l'eau, et est engouffré dans le torrent. « Ô monstre ! ô le plus scélérat de tous les hommes ! s'écria Zadig. – Vous m'aviez promis plus de patience, lui dit l'ermite en l'interrompant : apprenez que, sous les ruines de cette maison où la Providence a mis le feu, le maître a trouvé un trésor immense ; apprenez que ce jeune homme, dont la Providence a tordu le cou, aurait assassiné sa tante dans un an, et vous dans deux. – Qui te l'a dit, barbare ? cria Zadig ; et quand tu aurais lu cet événement dans ton livre des Destinées, t'est-il permis de noyer un enfant qui ne t'a point fait de mal ? »

Tandis que le Babylonien parlait, il aperçut que le vieillard n'avait plus de barbe, que son visage prenait les traits de la jeunesse. Son habit d'ermite disparut ; quatre belles ailes couvraient son corps majestueux et resplendissant de lumière. « Ô Envoyé du ciel ! ô Ange divin ! s'écria Zadig en se prosternant, tu es donc descendu de l'empyrée[3]

---

1. **Dernière couchée :** étape d'un voyage, lieu où l'on s'arrête pour dormir.
2. **Agréments :** qualités.
3. **Empyrée :** partie la plus haute des cieux où séjournent les divinités.

pour apprendre à un faible mortel à se soumettre aux
170 ordres éternels ? – Les hommes, dit l'ange Jesrad[1], jugent
de tout sans rien connaître : tu étais celui de tous les
hommes qui méritait le plus d'être éclairé. » Zadig lui
demanda la permission de parler. « Je me défie de moi-
même, dit-il ; mais oserai-je te prier de m'éclaircir un
175 doute : ne vaudrait-il pas mieux avoir corrigé cet enfant, et
l'avoir rendu vertueux, que de le noyer ? » Jesrad reprit :
« S'il avait été vertueux, et s'il eût vécu, son destin était
d'être assassiné lui-même, avec la femme qu'il devait
épouser, et le fils qui en devait naître. – Mais quoi ! dit
180 Zadig, il est donc nécessaire qu'il y ait des crimes et des
malheurs, et les malheurs tombent sur les gens de bien !
– Les méchants, répondit Jesrad, sont toujours malheureux : ils servent à éprouver[2] un petit nombre de justes[3]
répandus sur la terre, et il n'y a point de mal dont il ne
185 naisse un bien[4]. – Mais, dit Zadig, s'il n'y avait que du
bien, et point de mal ? – Alors, reprit Jesrad, cette terre
serait une autre terre ; l'enchaînement des événements
serait un autre ordre de sagesse ; et cet autre ordre[5], qui
serait parfait, ne peut être que dans la demeure éternelle
190 de l'Être suprême, de qui le mal ne peut approcher. Il a
créé des millions de mondes dont aucun ne peut ressem-

---

1. **Jesrad** : ange du bien dans la religion de Zoroastre et dont le nom
perse signifie « envoyé de Dieu ».
2. **Éprouver** : mettre à l'épreuve, tester.
3. **Petit nombre de justes** : référence à l'élection divine que l'on trouve
à son paroxysme dans le jansénisme, selon lequel seuls quelques
élus peuvent prétendre au salut.
4. **Dont il ne naisse un bien** : nouvelle évocation de la position de
Leibniz, mais aussi référence à la théologie en général, selon laquelle
Dieu n'a pu vouloir le mal.
5. **Cet autre ordre** : tout ce passage s'inspire de la philosophie leibnizienne (que Voltaire connaissait bien et notamment par Mme Du
Châtelet). Pour le philosophe allemand, Dieu a créé le meilleur des
mondes possibles. La perfection n'appartient qu'au royaume de Dieu,
elle n'est pas possible dans l'ordre de la création.

bler à l'autre. Cette immense variété est un attribut de sa puissance immense[1]. Il n'y a ni deux feuilles d'arbre sur la terre, ni deux globes dans les champs infinis du ciel, qui soient semblables ; et tout ce que tu vois sur le petit atome où tu es né devait être dans sa place et dans son temps fixe, selon les ordres immuables[2] de celui qui embrasse tout. Les hommes pensent que cet enfant qui vient de périr est tombé dans l'eau par hasard, que c'est par un même hasard que cette maison est brûlée : mais il n'y a point de hasard, tout est épreuve, ou punition, ou récompense, ou prévoyance. Souviens-toi de ce pêcheur qui se croyait le plus malheureux de tous les hommes. Orosmade t'a envoyé pour changer sa destinée. Faible mortel, cesse de disputer[3] contre ce qu'il faut adorer. – Mais, dit Zadig... » Comme il disait « mais », l'ange prenait déjà son vol vers la dixième sphère[4]. Zadig, à genoux, adora la Providence, et se soumit. L'ange lui cria du haut des airs : « Prends ton chemin vers Babylone. »

1. **Cette immense variété est un attribut de sa puissance immense :** l'infinie variété des choses est le témoignage de la perfection divine, de l'infinité de son entendement.
2. **Ordres immuables :** le fait qu'il y ait ordre et qu'il soit définitivement fixé interdit tout recours au hasard.
3. **Disputer :** discuter.
4. **Dixième sphère :** dernière sphère de l'univers selon le système de Ptolémée.

L'Ermite. Gravure de Garnier pour l'édition de 1893.

Clefs d'analyse

Chapitre XVIII.

Compréhension

▌ Une rencontre essentielle à l'initiation : l'ermite

- Définir le personnage de l'ermite.
- Relever les éléments de vulgarisation philosophique.
- Noter le fonctionnement comique de l'ermite.

▌ Une réflexion sur la morale

- Formuler la morale du chapitre.
- Chercher un lien entre le personnage du sage et la réflexion morale impliquée dans la poétique du conte.

Réflexion

▌ La transformation et le passage au merveilleux

- Définir les notions de merveilleux, naturel et fantastique.
- Discuter la vision de l'ermite sur la religion, la Providence et la destinée humaine.

▌ Un épisode de synthèse et de conclusion

- Expliquer pourquoi le conte serait déceptif sans cet épisode.
- Analyser la spécificité morale du conte voltairien. Montrer qu'on ne verse pas pour autant dans l'édification moralisante.

À retenir :

Le chapitre XVIII constitue l'apogée de la réflexion philosophique du conte, sans proposer pour autant une leçon dogmatique sur l'existence. Le conte reste une oscillation entre sérieux et comique. À partir de ce chapitre essentiel reposant sur l'apparition d'une figure topique de la sagesse, on peut réfléchir sur les rapports entre morale et littérature. Le conte essaie toujours de dialectiser morale et plaisir, afin de laisser au lecteur sa liberté. Aux questions métaphysiques, Voltaire donne la légèreté comique du conte pour plaire en instruisant. C'est que la véritable philosophie se moque de la philosophie...

CHAPITRE XIX
Les Énigmes

ZADIG, hors de lui-même et comme un homme auprès de qui est tombé le tonnerre, marchait au hasard. Il entra dans Babylone le jour où ceux qui avaient combattu dans la lice[1] étaient déjà assemblés dans le grand vestibule du
5 palais pour expliquer les énigmes, et pour répondre aux questions du grand mage. Tous les chevaliers étaient arrivés, excepté l'armure verte. Dès que Zadig parut dans la ville, le peuple s'assembla autour de lui ; les yeux ne se rassasiaient point de le voir, les bouches de le bénir, les
10 cœurs de lui souhaiter l'empire. L'Envieux le vit passer, frémit, et se détourna ; le peuple le porta jusqu'au lieu de l'assemblée. La reine, à qui on apprit son arrivée, fut en proie à l'agitation de la crainte et de l'espérance ; l'inquiétude la dévorait : elle ne pouvait comprendre ni pourquoi
15 Zadig était sans armes, ni comment Itobad portait l'armure blanche. Un murmure confus s'éleva à la vue de Zadig. On était surpris et charmé de le revoir ; mais il n'était permis qu'aux chevaliers qui avaient combattu de paraître dans l'assemblée.

20 « J'ai combattu comme un autre, dit-il ; mais un autre porte ici mes armes ; et, en attendant que j'aie l'honneur de le prouver, je demande la permission de me présenter pour expliquer les énigmes. » On alla aux voix[2] : sa réputation de probité[3] était encore si fortement imprimée dans
25 les esprits qu'on ne balança[4] pas à l'admettre.

Le grand mage proposa d'abord cette question : « Quelle est de toutes les choses du monde la plus longue et la plus courte, la plus prompte et la plus lente, la plus divisible et

---

1. **Lice :** cirque, arène, lieu où se déroule le combat.
2. **On alla aux voix :** on alla voter.
3. **Probité :** honnêteté.
4. **On ne balança pas :** on n'hésita pas.

la plus étendue, la plus négligée et la plus regrettée, sans qui rien ne peut se faire, qui dévore tout ce qui est petit, et qui vivifie tout ce qui est grand ? »

C'était à Itobad à parler. Il répondit qu'un homme comme lui n'entendait rien aux énigmes, et qu'il suffisait d'avoir vaincu à grands coups de lance. Les uns dirent que le mot de l'énigme était la fortune, d'autres la terre, d'autres la lumière. Zadig dit que c'était le temps. « Rien n'est plus long, ajouta-t-il, puisqu'il est la mesure de l'éternité ; rien n'est plus court, puisqu'il manque à tous nos projets ; rien n'est plus lent pour qui attend ; rien de plus rapide pour qui jouit ; il s'étend jusqu'à l'infini en grand ; il se divise jusque dans l'infini en petit ; tous les hommes le négligent, tous en regrettent la perte ; rien ne se fait sans lui ; il fait oublier tout ce qui est indigne de la postérité, et il immortalise les grandes choses. » L'assemblée convint que Zadig avait raison.

On demanda ensuite : « Quelle est la chose qu'on reçoit sans remercier, dont on jouit sans savoir comment, qu'on donne aux autres quand on ne sait où l'on en est, et qu'on perd sans s'en apercevoir ? »

Chacun dit son mot. Zadig devina seul que c'était la vie. Il expliqua toutes les autres énigmes avec la même facilité. Itobad disait toujours que rien n'était plus aisé, et qu'il en serait venu à bout tout aussi facilement s'il avait voulu s'en donner la peine. On proposa des questions sur la justice, sur le souverain bien, sur l'art de régner. Les réponses de Zadig furent jugées les plus solides. « C'est bien dommage, disait-on, qu'un si bon esprit soit un si mauvais cavalier. »

« Illustres seigneurs, dit Zadig, j'ai eu l'honneur de vaincre dans la lice. C'est à moi qu'appartient l'armure blanche. Le seigneur Itobad s'en empara pendant mon sommeil : il jugea apparemment qu'elle lui siérait mieux[1] que la verte.

---

1. **Siérait mieux :** irait mieux.

Chapitre XIX - Les Énigmes

Je suis prêt de[1] lui prouver d'abord devant vous, avec ma robe et mon épée, contre toute cette belle armure blanche
65   qu'il m'a prise, que c'est moi qui ai eu l'honneur de vaincre le brave Otame. »

Itobad accepta le défi avec la plus grande confiance. Il ne doutait pas qu'étant casqué, cuirassé, brassardé, il ne vînt aisément à bout d'un champion en bonnet de nuit et
70   en robe de chambre. Zadig tira son épée en saluant la reine, qui le regardait, pénétrée de joie et de crainte. Itobad tira la sienne, en ne saluant personne. Il s'avança sur Zadig comme un homme qui n'avait rien à craindre. Il était prêt à lui fendre la tête. Zadig sut parer le coup, en opposant ce
75   qu'on appelle le fort de l'épée au faible[2] de son adversaire, de façon que l'épée d'Itobad se rompit. Alors Zadig, saisissant son ennemi au corps, le renversa par terre ; et, lui portant la pointe de son épée au défaut de la cuirasse[3] : « Laissez-vous désarmer, dit-il, ou je vous tue. » Itobad,
80   toujours surpris des disgrâces qui arrivaient à un homme comme lui, laissa faire Zadig, qui lui ôta paisiblement son magnifique casque, sa superbe cuirasse, ses beaux brassards, ses brillants cuissards[4], s'en revêtit, et courut, dans cet équipage, se jeter aux genoux d'Astarté. Cador prouva
85   aisément que l'armure appartenait à Zadig. Il fut reconnu roi d'un consentement unanime, et surtout de celui d'Astarté, qui goûtait, après tant d'adversités[5], la douceur de voir son amant[6] digne aux yeux de l'univers d'être son époux. Itobad alla se faire appeler monseigneur dans sa
90   maison. Zadig fut roi, et fut heureux. Il avait présent à

---

1. **Je suis prêt de :** je suis disposé à.
2. **Fort, faible :** le fort de l'épée est le premier tiers de celle-ci, à partir du manche, tandis que le faible est constitué par les deux tiers du côté de la pointe.
3. **Au défaut de la cuirasse :** au point faible de la cuirasse, à la jointure entre deux parties.
4. **Cuissards :** parties de l'armure protégeant les cuisses.
5. **Adversités :** malheurs.
6. **Amant :** celui qui l'aime et qu'elle aime (sens classique).

l'esprit ce que lui avait dit l'ange Jesrad. Il se souvenait même du grain de sable devenu diamant[1]. La reine et lui adorèrent la Providence. Zadig laissa la belle capricieuse Missouf courir le monde. Il envoya chercher le brigand Arbogad, auquel il donna un grade honorable dans son armée, avec promesse de l'avancer aux premières dignités[2] s'il se comportait en vrai guerrier, et de le faire pendre s'il faisait le métier de brigand.

Sétoc fut appelé du fond de l'Arabie, avec la belle Almona, pour être à la tête du commerce de Babylone. Cador fut placé et chéri selon ses services ; il fut l'ami du roi, et le roi fut alors le seul monarque de la terre qui eût un ami. Le petit muet ne fut pas oublié. On donna une belle maison au pêcheur ; Orcan fut condamné à lui payer une grosse somme et à lui rendre sa femme ; mais le pêcheur, devenu sage, ne prit que l'argent.

Ni la belle Sémire ne se consolait d'avoir cru que Zadig serait borgne, ni Azora ne cessait de pleurer d'avoir voulu lui couper le nez. Il adoucit leurs douleurs par des présents. L'Envieux mourut de rage et de honte. L'empire jouit de la paix, de la gloire et de l'abondance ; ce fut le plus beau siècle[3] de la terre : elle était gouvernée par la justice et par l'amour. On bénissait Zadig, et Zadig bénissait le ciel[4].

---

1. **Diamant :** cf. chapitre XIV.
2. **Premières dignités :** charges les plus importantes.
3. **Siècle :** temps.
4. **Ciel :** *C'est ici que finit le manuscrit qu'on a retrouvé de l'histoire de Zadig. On sait qu'il a essuyé bien d'autres aventures qui ont été fidèlement écrites. On prie messieurs les interprètes des langues orientales de les communiquer si elles parviennent jusqu'à eux.* (Note de Voltaire.)

APPENDICE[1]
La Danse

SÉTOC devait aller, pour les affaires de son commerce, dans l'île de Serendib[2] ; mais le premier mois de son mariage, qui est, comme on sait, la lune de miel, ne lui permettait ni de quitter sa femme, ni de croire qu'il pût jamais la quitter : il pria son ami Zadig de faire pour lui le voyage. « Hélas ! disait Zadig, faut-il que je mette encore un plus vaste espace entre la belle Astarté et moi ? Mais il faut servir mes bienfaiteurs. » Il dit, il pleura et il partit.

Il ne fut pas longtemps dans l'île de Serendib sans y être regardé comme un homme extraordinaire. Il devint l'arbitre de tous les différends entre les négociants, l'ami des sages, le conseil[3] du petit nombre de gens qui prennent conseil. Le roi voulut le voir et l'entendre. Il connut bientôt tout ce que valait Zadig ; il eut confiance en sa sagesse, et en fit son ami. La familiarité et l'estime du roi firent trembler Zadig. Il était nuit et jour pénétré du malheur que lui avaient attiré les bontés de Moabdar. « Je plais au roi, disait-il ; ne serai-je pas perdu ? » Cependant il ne pouvait se dérober aux caresses de Sa Majesté : car il faut avouer que Nabussan, roi de Serendib, fils de Nussanab, fils de Nabassun, fils de Sanbusna[4], était un des meilleurs princes de l'Asie, et que, quand on lui parlait, il était difficile de ne le pas aimer.

Ce bon prince était toujours loué, trompé et volé ; c'était à qui pillerait ses trésors. Le receveur général[5] de l'île de Serendib donnait toujours cet exemple, fidèlement suivi par les autres. Le roi le savait : il avait changé de tré-

---

1. **Appendice :** les deux chapitres suivants sont des ajouts.
2. **Serendib :** Ceylan.
3. **Conseil :** conseiller.
4. **Nabussan [...] Sanbusna :** énumération parodique des généalogies orientales et bibliques.
5. **Receveur général :** collecteur des impôts.

sorier plusieurs fois ; mais il n'avait pu changer la mode établie de partager les revenus du roi en deux moitiés inégales, dont la plus petite revenait toujours à Sa Majesté, et la plus grosse aux administrateurs. 30

Le roi Nabussan confia sa peine au sage Zadig. « Vous qui savez tant de belles choses, lui dit-il, ne sauriez-vous point le moyen de me faire trouver un trésorier qui ne me vole point ? – Assurément, répondit Zadig, je sais une façon infaillible de vous donner un homme qui ait les 35 mains nettes. » Le roi, charmé, lui demanda en l'embrassant[1] comment il fallait s'y prendre. « Il n'y a, dit Zadig, qu'à faire danser tous ceux qui se présenteront pour la dignité de trésorier, et celui qui dansera avec le plus de légèreté sera infailliblement le plus honnête homme. – Vous 40 vous moquez, dit le roi ; voilà une plaisante façon de choisir un receveur de mes finances ! Quoi ! vous prétendez que celui qui fera le mieux un entrechat[2] sera le financier le plus intègre et le plus habile ? – Je ne vous réponds pas[3] qu'il sera le plus habile, repartit Zadig, mais je vous 45 assure que ce sera indubitablement le plus honnête homme. » Zadig parlait avec tant de confiance que le roi crut qu'il avait quelque secret surnaturel pour connaître les financiers. « Je n'aime pas le surnaturel, dit Zadig ; les gens et les livres à prodiges[4] m'ont toujours déplu : si 50 Votre Majesté veut me laisser faire l'épreuve que je lui propose, elle sera bien convaincue que mon secret est la chose la plus simple et la plus aisée. » Nabussan, roi de Serendib, fut bien plus étonné d'entendre que ce secret était aussi simple que si on le lui avait donné pour un miracle. « Or 55 bien, dit-il, faites comme vous l'entendrez. – Laissez-moi

---

1. **En l'embrassant :** en le serrant dans ses bras.
2. **Entrechat :** saut du danseur où les pieds se croisent rapidement en l'air en passant l'un devant l'autre.
3. **Je ne vous réponds pas :** je ne vous garantis pas.
4. **Livres à prodiges :** livres contenant des histoires magiques ou surnaturelles.

faire, dit Zadig, vous gagnerez à cette épreuve plus que vous ne pensez. » Le jour même, il fit publier, au nom du roi, que tous ceux qui prétendaient à l'emploi de haut
60 receveur des deniers de Sa Gracieuse Majesté Nabussan, fils de Nussanab, eussent à se rendre, en habits de soie légère, le premier de la lune du crocodile, dans l'antichambre du roi. Ils s'y rendirent au nombre de soixante et quatre. On avait fait venir des violons[1] dans un salon voisin ; tout
65 était préparé pour le bal ; mais la porte de ce salon était fermée, et il fallait, pour y entrer, passer par une petite galerie assez obscure. Un huissier[2] vint chercher et introduire chaque candidat, l'un après l'autre, par ce passage dans lequel on le laissait seul quelques minutes. Le roi, qui
70 avait le mot[3], avait étalé tous ses trésors dans cette galerie. Lorsque tous les prétendants furent arrivés dans le salon, Sa Majesté ordonna qu'on les fît danser. Jamais on ne dansa plus pesamment et avec moins de grâce ; ils avaient tous la tête baissée, les reins courbés, les mains
75 collées à leurs côtés. « Quels fripons ! » disait tout bas Zadig. Un seul d'entre eux formait des pas avec agilité, la tête haute, le regard assuré, les bras étendus, le corps droit, le jarret[4] ferme. « Ah ! l'honnête homme ! le brave homme ! » disait Zadig. Le roi embrassa ce bon danseur, le
80 déclara trésorier ; et tous les autres furent punis et taxés[5] avec la plus grande justice du monde, car chacun, dans le temps qu'il avait été dans la galerie, avait rempli ses poches et pouvait à peine marcher. Le roi fut fâché pour la nature humaine que de ces soixante et quatre danseurs il
85 y eût soixante et trois filous. La galerie obscure fut appelée *le corridor de la tentation*. On aurait, en Perse, empalé ces

---

1. **Violons :** joueurs de violon.
2. **Huissier :** serviteur chargé d'annoncer les visiteurs.
3. **Qui avait le mot :** qui était de connivence, qui se trouvait dans la confidence.
4. **Jarret :** mollet.
5. **Taxés :** frappés d'une amende.

soixante et trois seigneurs ; en d'autres pays, on eût fait une chambre de justice[1] qui eût consommé en frais le triple de l'argent volé, et qui n'eût rien remis dans les coffres du souverain ; dans un autre royaume, ils se seraient pleinement justifiés, et auraient fait disgracier ce danseur si léger : à Serendib, ils ne furent condamnés qu'à augmenter le trésor public, car Nabussan était fort indulgent.

Il était aussi fort reconnaissant : il donna à Zadig une somme d'argent plus considérable qu'aucun trésorier n'en avait jamais volé au roi son maître. Zadig s'en servit pour envoyer des exprès[2] à Babylone, qui devaient l'informer de la destinée d'Astarté. Sa voix trembla en donnant cet ordre, son sang reflua vers son cœur, ses yeux se couvrirent de ténèbres, son âme fut prête à l'abandonner. Le courrier partit, Zadig le vit embarquer ; il rentra chez le roi, ne voyant personne, croyant être dans la chambre, et prononçant le nom d'amour. « Ah ! l'amour, dit le roi, c'est précisément ce dont il s'agit ; vous avez deviné ce qui fait ma peine. Que vous êtes un grand homme ! J'espère que vous m'apprendrez à connaître une femme à toute épreuve, comme vous m'avez fait trouver un trésorier désintéressé. » Zadig, ayant repris ses sens, lui promit de le servir en amour comme en finance, quoique la chose parût plus difficile encore.

---

1. **On eût fait une chambre de justice :** on aurait convoqué un tribunal pour enquêter et juger.
2. **Exprès :** messagers.

Les Yeux bleus

« LE CORPS et le cœur », dit le roi à Zadig… À ces mots, le Babylonien ne put s'empêcher d'interrompre Sa Majesté. « Que je vous sais bon gré, dit-il, de n'avoir point dit *l'esprit*[1] *et le cœur* ! car on n'entend que ces mots dans les
5 conversations de Babylone ; on ne voit que des livres où il est question du cœur et de l'esprit composés par des gens qui n'ont ni de l'un ni de l'autre ; mais, de grâce, Sire, poursuivez. » Nabussan continua ainsi : « Le corps et le cœur sont chez moi destinés à aimer ; la première de
10 ces deux puissances a tout lieu d'être satisfaite. J'ai ici cent femmes à mon service, toutes belles, complaisantes, prévenantes, voluptueuses même, ou feignant de l'être avec moi. Mon cœur n'est pas à beaucoup près si heureux. Je n'ai que trop éprouvé[2] qu'on caresse[3] beaucoup le
15 roi de Serendib, et qu'on se soucie fort peu de Nabussan. Ce n'est pas que je croie mes femmes infidèles, mais je voudrais trouver une âme qui fût à moi ; je donnerais, pour un pareil trésor, les cent beautés dont je possède les charmes : voyez si, sur ces cent sultanes, vous pouvez
20 m'en trouver une dont je sois sûr d'être aimé. »

Zadig lui répondit comme il avait fait sur l'article[4] des financiers : « Sire, laissez-moi faire ; mais permettez d'abord que je dispose de ce que vous aviez étalé dans la galerie de la tentation ; je vous en rendrai bon compte et
25 vous n'y perdrez rien. » Le roi le laissa le maître absolu. Il

---

1. **Corps, cœur, esprit :** référence aux trois instances de l'âme : le cœur, le corps et l'esprit. Dans l'anthropologie classique, on déterminait l'homme dans le prisme du cœur (siège des sentiments), du corps (instance de la sensibilité, des sens) et de l'esprit (faculté rationnelle).
2. **Éprouvé :** fait l'expérience.
3. **Caresse :** flatte.
4. **Article :** sujet, problème.

choisit dans Serendib trente-trois petits bossus des plus
vilains qu'il put trouver, trente-trois pages des plus beaux,
et trente-trois bonzes[1] des plus éloquents et des plus
robustes. Il leur laissa à tous la liberté d'entrer dans les cellules des sultanes ; chaque petit bossu eut quatre mille   30
pièces d'or à donner, et dès le premier jour tous les bossus
furent heureux. Les pages, qui n'avaient rien à donner
qu'eux-mêmes, ne triomphèrent qu'au bout de deux ou
trois jours. Les bonzes eurent un peu plus de peine ; mais
enfin trente-trois dévotes se rendirent à eux. Le roi, par des   35
jalousies[2] qui avaient vue sur toutes les cellules, vit toutes
ces épreuves, et fut émerveillé. De ses cent femmes, quatre-
vingt-dix-neuf succombèrent à ses yeux.

Il en restait une toute jeune, toute neuve, de qui Sa
Majesté n'avait jamais approché. On lui détacha un, deux,   40
trois bossus, qui lui offrirent jusqu'à vingt mille pièces ; elle
fut incorruptible, et ne put s'empêcher de rire de l'idée
qu'avaient ces bossus de croire que de l'argent les rendrait
mieux faits. On lui présenta les deux plus beaux pages ; elle
dit qu'elle trouvait le roi encore plus beau. On lui lâcha le   45
plus éloquent des bonzes, et ensuite le plus intrépide ; elle
trouva le premier un bavard, et ne daigna pas même
soupçonner le mérite du second. « Le cœur fait tout, disait-
elle ; je ne céderai jamais ni à l'or d'un bossu, ni aux grâces
d'un jeune homme, ni aux séductions d'un bonze ; j'aimerai   50
uniquement Nabussan, fils de Nussanab, et j'attendrai qu'il
daigne m'aimer. » Le roi fut transporté de joie, d'étonnement
et de tendresse. Il reprit tout l'argent qui avait fait réussir les
bossus, et en fit présent à la belle Falide[3] ; c'était le nom de
cette jeune personne. Il lui donna son cœur : elle le méritait   55
bien. Jamais la fleur de la jeunesse ne fut si brillante ; jamais
les charmes de la beauté ne furent si enchanteurs. La vérité

---

1. **Bonzes :** prêtres bouddhistes.
2. **Jalousies :** treillis de bois qui permet de voir sans être vu.
3. **Falide :** sûrement une déformation de *Validé*, titre donné à la mère
   d'un sultan.

de l'histoire ne permet pas de taire qu'elle faisait mal la révérence ; mais elle dansait comme les fées, chantait
60 comme les sirènes[1] et parlait comme les Grâces[2] : elle était pleine de talents et de vertus.

Nabussan, aimé, l'adora ; mais elle avait les yeux bleus, et ce fut la source des plus grands malheurs. Il y avait une ancienne loi qui défendait aux rois d'aimer une de ces
65 femmes que les Grecs ont appelées depuis *boopies*[3]. Le chef des bonzes avait établi cette loi il y avait plus de cinq mille ans ; c'était pour s'approprier la maîtresse du premier roi de l'île de Serendib que ce premier bonze avait fait passer l'anathème[4] des yeux bleus en constitution fondamentale
70 d'État. Tous les ordres de l'empire vinrent faire à Nabussan des remontrances. On disait publiquement que les derniers jours du royaume étaient arrivés, que l'abomination était à son comble, que toute la nature était menacée d'un événement sinistre ; qu'en un mot Nabussan fils de Nussanab
75 aimait deux grands yeux bleus. Les bossus, les financiers, les bonzes et les brunes remplirent le royaume de leurs plaintes.

Les peuples sauvages qui habitent le nord de Serendib profitèrent de ce mécontentement général. Ils firent une irruption dans les États du bon Nabussan. Il demanda des
80 subsides[5] à ses sujets ; les bonzes, qui possédaient la moitié des revenus de l'État, se contentèrent de lever les mains au ciel, et refusèrent de les mettre dans leurs coffres pour aider le roi. Ils firent de belles prières en musique, et laissèrent l'État en proie aux barbares.

85 « Ô mon cher Zadig, me tireras-tu encore de cet horrible embarras ? s'écria douloureusement Nabussan. – Très

---

1. **Sirènes :** divinités marines à tête de femme et corps d'oiseau qui attirent les marins par leur chant et les conduisent à la mort (voir l'*Odyssée* d'Homère).
2. **Grâces :** nom de trois divinités grecques qui symbolisent la beauté.
3. **Boopies :** adjectif homérique signifiant « aux grands yeux ».
4. **Anathème :** interdiction religieuse, excommunication.
5. **Subsides :** sommes d'argent.

volontiers, répondit Zadig ; vous aurez de l'argent des bonzes tant que vous en voudrez. Laissez à l'abandon les terres où sont situés leurs châteaux, et défendez seulement les vôtres. » Nabussan n'y manqua pas : les bonzes 90 vinrent se jeter aux pieds du roi et implorer son assistance. Le roi leur répondit par une belle musique dont les paroles étaient des prières au ciel pour la conservation de leurs terres. Les bonzes enfin donnèrent de l'argent, et le roi finit heureusement la guerre. Ainsi Zadig, par ses conseils sages 95 et heureux, et par les plus grands services, s'était attiré l'irréconciliable inimitié des hommes les plus puissants de l'État ; les bonzes et les brunes jurèrent sa perte ; les financiers et les bossus ne l'épargnèrent pas ; on le rendit suspect au bon Nabussan. Les services rendus restent souvent 100 dans l'antichambre, et les soupçons entrent dans le cabinet[1], selon la sentence de Zoroastre : c'était tous les jours de nouvelles accusations ; la première est repoussée, la seconde effleure, la troisième blesse, la quatrième tue.

Zadig, intimidé, qui avait bien fait les affaires de son ami 105 Sétoc et qui lui avait fait tenir son argent, ne songea plus qu'à partir de l'île, et résolut d'aller lui-même chercher des nouvelles d'Astarté. « Car, disait-il, si je reste dans Serendib, les bonzes me feront empaler ; mais où aller ? Je serai esclave en Égypte, brûlé, selon toutes les apparences, en Arabie, 110 étranglé à Babylone. Cependant il faut savoir ce qu'Astarté est devenue : partons, et voyons à quoi me réserve ma triste destinée. »

C'est ici que finit le manuscrit qu'on a retrouvé de l'histoire de Zadig. Ces deux chapitres doivent être certai- 115 nement placés après le douzième, et avant l'arrivée de Zadig en Syrie. On sait qu'il a essuyé bien d'autres aventures qui ont été fidèlement écrites. On prie messieurs les interprètes des langues orientales de les communiquer, si elles parviennent jusqu'à eux. 120

---

1. **Cabinet :** l'antichambre et le cabinet sont les lieux les plus intimes du palais, où le roi reçoit ses seuls familiers.

Clefs d'analyse

Chapitre XIX et appendice.

Compréhension

L'épisode du retour

- Chercher le grand héros grec qui a incarné par excellence l'épisode du retour. Puis le comparer à Zadig.
- Observer l'effet cyclique du retour.
- Relever les éléments de caricature du personnage d'Itobad.

Les énigmes et les résolutions

- Chercher le héros mythique qui a résolu une énigme.
- Relever les éléments mythologiques et symboliques à la fin du conte.

Réflexion

Les symboles et les énigmes : une résolution du conte ?

- Expliquer pourquoi le symbole et la mythologie proposent un code de lecture, de déchiffrage.
- Discuter de la leçon du conte sur la difficulté de déchiffrer le monde et de le comprendre.

Voltaire et le refus de conclure

- Interpréter l'insertion d'appendices qui relancent l'aventure.
- Discuter le rapport entre le refus de conclure et la réflexion voltairienne sur la destinée.

À retenir :

Le dénouement de Zadig est une sorte d'anti-dénouement ironique, puisque rien ne se résout pleinement. Les appendices relancent les aventures du héros et signent le refus radical d'un système clos, qui révélerait une vérité dogmatique sur les leçons à tirer de l'expérience. Voltaire subvertit la morale du conte pour déstabiliser le lecteur en lui rendant sa liberté.

POUR
APPROFONDIR

Genre, action, personnages

Genre et registres

Poétique du conte et philosophie voltairienne

C'est à partir du choix du conte – Voltaire préférant écrire un *conte oriental et philosophique* qu'un essai ou un traité sur la notion de destinée – qu'on peut tirer les conclusions les plus manifestes sur la spécificité de la philosophie voltairienne. Rien de tel qu'un conte avec sa forme attendue, simple. En effet, le genre commande un traitement simplifié des ressorts littéraires : son début et sa fin répondent toujours au même schéma, ses personnages sont de pures silhouettes stéréotypées. Le conte permet de ridiculiser les prétentions humaines, de mettre à mal le dogmatisme fanatique qui croit expliquer le destin humain. Le récit d'aventures impose l'expérience contre l'idéal théorique ou philosophique. Une réflexion menée sur la forme du conte met donc en lumière la pensée voltairienne : le premier devoir de l'homme est de rabaisser l'orgueil d'une philosophie trop sûre de ses pouvoirs et de déjouer, en les moquant, les donneurs de leçon.

L'exercice du conte impose cette humilité : il faut avouer son ignorance, reconnaître la faiblesse de la raison humaine face au spectacle du malheur et des crimes, posture qu'incarnent les aventures du héros Zadig. N'oublions pas que la période de maturation de *Zadig* coïncide avec la rédaction de l'*Essai sur les mœurs* (publié en 1756), auquel Voltaire travailla plus de trente ans, et qui refuse les a priori théologiques de Bossuet comme le déterminisme de Montesquieu. La morale se pense donc en rapport avec notre capacité réduite de comprendre le monde tel qu'il va. La forme du conte influe directement sur les réponses apportées ou non au problème de la Providence, que se propose d'explorer *Zadig*. Question théologique et métaphysique par excellence, elle s'insère ironiquement dans le jeu du conte oriental, parodique et ludique.

Genre, action, personnages

Car le conte hérite avant tout de l'oralité, il raconte des histoires et se voit méprisé par la haute et sérieuse philosophie. Voltaire va donc poser les questions de la destinée et de la Providence à partir d'une forme spécifique, où les problèmes de la liberté du héros, de la chance qu'il rencontre ou pas sur son chemin, de l'existence d'un destin décidé par un Dieu, constituent la teneur même de l'histoire. L'existence est-elle fixée d'avance, comme on peut prévoir la fin du conte ? Échappe-t-elle au Hasard ? On a l'habitude de figurer la composition du conte comme un cycle, en l'opposant au roman et à la nouvelle, qui possèdent tous deux une structure évolutive, imprévisible, reposant parfois sur le suspens. Le conte se referme sur l'ordre initial retrouvé, ayant certes apporté une leçon à méditer, mais n'en réalisant pas moins l'horizon d'attente du lecteur et du traditionnel dénouement heureux, le happy end. C'est que le conte discute le bonheur et les moyens de sa quête.

Mais le conte déjoue aussi la philosophie par son origine populaire : non seulement il n'est pas conduit par l'argumentation, l'examen rationnel, mais il s'oppose plus généralement aux genres nobles de la littérature, comme la tragédie ou la poésie épique. Voltaire parle à propos du conte de *bagatelles, fadaises, coïonneries, plaisanteries*. Il écrit des contes par esprit de dérision, pour amuser un public cultivé, non pour passer à la postérité. Le but n'est donc pas de philosopher doctement, mais de toucher facilement les lecteurs en les amusant pour vulgariser des idées comme celles de la philosophie leibnizienne. Le conte s'avère alors le genre privilégié pour « plaire en instruisant », récit initiatique, voyage dans le temps et les cultures, promenade d'une marionnette dans diverses aventures illustrant la thèse à discuter. Zadig, un jeune Babylonien aux prises avec les revers de fortune, les surprises de l'amour et les rencontres, sert d'exemple pratique et non d'argument théorique au problème de la destinée humaine.

Genre, action, personnages

Le choix du conte figure donc le refus de la totalisation conceptuelle, il est disposé de manière qu'on ne puisse pas donner une seule réponse à un problème, il consacre le rejet de la métaphysique, à laquelle la philosophie des Lumières s'oppose le plus souvent. Le XVIIe siècle avait en effet élaboré une métaphysique dogmatique et constructiviste qui apportait un examen rationnel des grandes questions avec un exposé ordonné des réponses. La vérité du système était garantie par Dieu ou une vérité d'ordre transcendant, et l'on trouvait l'absolu à l'issue de la découverte des causes et des substances, véritable poussée vers la transcendance pour se détacher du relativisme de l'immanence et de la sensibilité. Dernier coup porté à la scolastique, la philosophie des Lumières privilégie des formes dynamiques, ludiques, aporétiques, comme le dialogue (cf. *Le Neveu de Rameau* de Diderot), le conte ou le roman. Elle se réclame du réel, de l'expérience. Zadig ne médite pas abstraitement : il expérimente le réel, les revers du sort et les douleurs des passions, souvent à ses dépens. Son échec est nécessaire à notre éducation.

Le doute, la relativité : le décor du conte oriental

À travers sa forme, le conte se moque du sérieux, il remet en question les certitudes, il impose insidieusement le doute sur ce que c'est que connaître. Le héros est confronté à une série d'épreuves, scandées par des rencontres très diverses avec le roi tyran, le brigand, la femme volage, les ambitieux, les représentants de l'institution religieuse, l'ermite. D'une certaine manière, comme Candide, Zadig s'aperçoit qu'il ne sait rien qui puisse s'appliquer systématiquement et le sauver du malheur quand il intervient. La connaissance théorique ne lui sert de rien : il faut privilégier l'expérience, reconnaître la relativité des mœurs, se préparer à l'impuissance, adopter une sagesse de circonstance, fondée sur le constat du relatif et sur l'exercice du doute.

Genre, action, personnages

De ce fait, le cadre oriental redouble l'effet de relativité, de distance. Pour l'imaginaire occidental, le monde des terres islamiques représente, depuis les croisades, un miroir inversé, qui fascine et inquiète. On présuppose donc que les coutumes (rites religieux, lois du veuvage, du mariage, tyrannie politique) vont étonner le lecteur, provoquer l'étincelle du doute et faire constater la relativité des dogmes, déstabilisant la possibilité même d'établir une vérité universelle. L'Orient incarne donc un cadre privilégié d'aventures extrêmes, où le héros ne doit pas seulement vivre mais aussi survivre. L'apprentissage, dans ce contexte, accentue donc les thèmes de la précarité de la condition humaine, les dangers courus par le héros étant exacerbés par rapport à la vie d'un aristocrate parisien, par exemple. L'homme est a fortiori victime du hasard et du destin quand il connaît la mise en esclavage ou la menace du bûcher. L'orientalisme était donc le meilleur choix pour un conte consacré au thème de la Providence. L'Orient apparaît comme le berceau du fanatisme religieux, où le rapport à Dieu se superpose aux questions existentielles et où la barbarie imaginaire implique la réflexion sur le mal et le rôle de Dieu dans les malheurs de la destinée humaine.

Il ne s'agit donc pas seulement d'un effet de mode auquel répond Voltaire, à la suite de la traduction des *Mille et Une Nuits*, mais aussi d'un choix pertinent pour le sujet évoqué, pour la réflexion sur la Providence. L'étude de *Zadig* confirme le postulat littéraire suivant lequel une œuvre ne doit pas permettre la distinction entre le fond, que serait la discussion sur la Providence, et la forme du conte oriental. Les deux dimensions s'imbriquent pour signifier davantage, pour que la partie renvoie sans cesse au tout sans le résoudre ni l'exprimer. Enfin, le cadre oriental demeure une technique d'introduction critique de satire et d'ironie, puisqu'il introduit une distance du regard et engage à la comparaison.

Genre, action, personnages

L'ironie, la parodie : les stéréotypes et la distanciation comique

En tant que lecteur, nous ne pleurons pas les aventures malheureuses de Zadig, nous ne sommes pas touchés comme nous le serions de celles d'un héros de roman. C'est que le conte joue de la distanciation : il interdit toute identification. Les personnages ne sont pas des personnes, ils restent des silhouettes incarnant des types, instruments de la réflexion, la servant sans l'effacer. Les personnages figurent des catégories et rangent *Zadig* au sein des textes d'idées et non dans le genre romanesque. Le décor orientaliste, parodique en tant qu'il ne vise pas le réalisme mais la schématisation, le jeu avec les codes et les imaginaires contribuent également à l'élaboration philosophique du conte. Tout tend vers l'idée, la réflexion, sans pour autant y verser complètement, mais en éloignant radicalement le conte des voies de l'identification et de la sensibilité romanesques. Ce travail de la fiction à travers le genre du conte et le décor oriental fait de nouveau signe vers une philosophie se moquant du sérieux, de l'investissement de soi dans un questionnement passionné.

Écrire un conte consiste aussi à refuser la polémique violente des débats théologiques débouchant parfois sur l'exil, la condamnation, voire l'exécution des adversaires. Voltaire ne tient pas à disputer de la Providence, mais à décentrer les certitudes religieuses et philosophiques concernant la Providence. Il attaque une posture, en décentrant les enjeux pour les fondre dans la matière du comique, de l'ironie, de la raillerie amusée. L'ironie consiste à dire, par raillerie, le contraire de ce que l'on pense, non pour imposer son point de vue, mais pour inviter au scepticisme, au doute, celui qui est sûr de savoir. Voltaire ne critique pas abstraitement les romans de chevalerie aux exploits invraisemblables, mais nous fait rire en exagérant leurs procédés (chapitre XVII) ; il n'attaque pas franchement les romans d'amour mais en fait sentir la mièvrerie et

Genre, action, personnages

l'idéalisation utopique : les femmes volages prolifèrent dans *Zadig* et n'ont rien de la pureté des dames du roman courtois. En un mot, Voltaire parodie : il tisse la narration du conte avec des emprunts comiques, ironiques, humoristiques, des stéréotypes romanesques. Cette parodie met définitivement à distance le sérieux comme l'idéal : c'est écrire en faveur du réel contre les chimères que les romans idéalisateurs veulent accréditer.

L'usage de personnages stéréotypés, marionnettes du rire voltairien, redouble le procédé parodique et ironique. Les aventures, les styles, les personnages : rien ne doit prêter à l'interprétation sérieuse. On trouve donc les attentes éculées poussées à leur comble : la femme volage qui déçoit le héros amoureux et naïf, le roi tyrannique qui fait tomber son favori en disgrâce au gré de ses caprices, le voleur sans vergogne, le rival envieux, l'ermite sage à la longue barbe. Ces schémas permettent au comique de fonctionner à plein, sans identification possible. Pour Voltaire, on réfléchit dans le comique. La distance amusée qui découle alors de ce gai savoir ressemble fort à la sagesse rieuse des aventures de *Zadig*. Les partis pris du conte voltairien conduisent à une trinité principielle : art, scepticisme et comique contre didactisme, dogmatisme et sérieux.

Action

▌ *Une structure sous la forme d'un itinéraire*

L'itinéraire de Zadig suit une série de désillusions éprouvées au contact du monde et des rencontres. La structure en est évolutive et figure l'éducation du personnage, toujours appelé à renier son idéal et ses croyances premières. Le début de l'histoire évoque une plénitude : Zadig est heureux, comme tout héros de conte commence par l'être. Ce bonheur coïncide avec Babylone, sa terre de naissance, son origine, comme Ithaque

Genre, action, personnages

pour Ulysse, lieu vers lequel on aspire toujours à retourner. On peut noter que Zadig ne se lasse pas de demander des nouvelles de sa patrie au cours de ses aventures. Babylone est donc une sorte de paradis perdu, dont Zadig est chassé (fin du chapitre VIII : départ vers l'Égypte), où surgirent ses premiers doutes quant à la justice de la destinée. En effet, son itinéraire est marqué par le constat récurrent d'une désolidarisation du bonheur et de la vertu, opposition qui nierait la bonté divine exerçant la Providence. Les vertueux ne sont pas récompensés de leur vertu, subissant les aléas du sort (Astarté, Zadig, le pêcheur), tandis que l'immoralité semble payée en retour (le brigand, Itobad dans le chapitre XVII). Tout le conte met alors en question ce concept de Providence.

> ## Une alternance structurelle entre Bien et Mal, grâce et disgrâce : la figure du destin

Le point de départ est donc un lieu duquel le bonheur initial disparaît. Le héros perd sa naïveté, la certitude d'une adéquation entre idéal et réalité, où la Providence semble s'exercer avec justice. L'itinéraire géographique évolue parallèlement à l'apprentissage moral, lequel repose sur une suite de démystifications. On apprend que l'apparence est trompeuse. Le bonheur initial cède vite la place aux péripéties. L'expérience de l'inconstance féminine, l'éducation sentimentale déceptive, consacrent ses premières désillusions : le sexe faible porte bien son nom, Zadig l'apprend à ses dépens. Il prend alors conscience de la difficulté d'être heureux. Une seconde séquence, celle de son ministère, période de bonheur fragile, où son mérite et sa vertu semblent être reconnus, pendant laquelle il tombe amoureux de la femme du roi, Astarté, débouche sur le malheur. Cette nouvelle illusion, travaillée par le doute et l'angoisse, provoque le tournant marquant du conte : Zadig, condamné, s'enfuit de Babylone.

Genre, action, personnages

Dès lors, on aura une alternance entre moments de grâce, d'ascension sociale, et moments de « chute », où Zadig se sentira frappé par une malheureuse destinée. En effet, après la grâce du ministère, il fait l'expérience de la tyrannie du monarque dominé par ses passions, qui le condamne alors même qu'il fut son favori. L'alternance illustre le fait qu'on n'est jamais à l'abri du malheur. Du chapitre IX au chapitre XVIII, l'itinéraire de Zadig est un voyage en terres égyptiennes pendant lequel il expérimente la condition d'esclave. Puis il rentre en grâce, distingué par son bon sens et sa sagesse, récompensé du mérite de son intelligence. L'esclavage suivi d'une brève ascension dont l'issue apporte une énième condamnation cristallise encore une fois le questionnement sur la Providence : ne sommes-nous pas finalement soumis à un hasard absurde qui déstabiliserait la pensée morale ? En effet, quel intérêt d'être vertueux si le vertueux est toujours le perdant de l'affaire ? Ce moment malchanceux de l'itinéraire remet en question certitudes et repères puisqu'il se passe en terre étrangère, où Zadig fait l'expérience de la relativité, luttant contre les préjugés et les dogmes fanatiques. Ses retrouvailles avec Astarté au chapitre XVI puis son échec au combat au chapitre XVII reproduisent le schéma ascension/disgrâce.

La rencontre avec l'ermite et la résolution des énigmes : la maturité du héros

Ces deux épisodes (chapitres XVIII et XIX) amènent le conte vers sa conclusion : Zadig rencontre l'ermite, il a progressé jusqu'au solitaire, celui qui vit hors de la société et regarde les hommes avec distance et sagesse. C'est cette rencontre qui lui permet de retourner vers Babylone pour reprendre en main son destin. On peut donc dire que la structure de *Zadig*, en sinusoïde, alternant les moments de bonheur et de malheur, n'en demeure pas moins cyclique, puisqu'elle se clôt sur le retour du héros dans sa terre natale.

Genre, action, personnages

Au chapitre XVIII, le discours de l'ange Jesrad fait refuser l'idée athée du hasard absolu et reconnaître que la Providence existe, même si la finitude de l'entendement humain ne peut pas toujours connaître la finalité de ses vues. Il ne faut pas se livrer au désespoir, pas plus qu'à l'idéalisme : la sagesse est de regarder le monde tel qu'il est, en reconnaissant l'existence d'une force supérieure, d'un grand horloger, qui a créé un ordre que nous ne pouvons pas apercevoir. C'est la position déiste de Voltaire qui s'exprime dans ce chapitre. L'ange n'apporte qu'une réponse incomplète, mais la leçon de *Zadig* est d'apprendre à se contenter de cette incomplétude comme Candide apprend à cultiver son jardin, à ne plus se poser des questions auxquelles il ne peut pas répondre. De retour chez lui, Zadig fait montre de son apprentissage en résolvant les énigmes : il rejoint le mythe d'Œdipe, mais c'est pour devenir un roi éclairé, époux de la femme qu'il aime, Astarté.

Personnages

▌ Zadig, le héros décalé

Zadig est le héros du conte, et pourtant nous n'accédons pas à son intériorité, chose qui répugne à Voltaire, si l'on observe son œuvre, qui privilégie la distance contre l'identification autobiographique ou romanesque. Personnage schématique, il sert la démonstration, il met en œuvre le mécanisme littéraire de l'apprentissage, du naïf perdant sa naïveté au contact de l'expérience. Il s'apparente à l'œil neuf, ce héros décalé qui décentre les certitudes et provoque le lecteur.

Zadig, naturellement vertueux, cherchant à réussir par le mérite et la probité, se croit promis à un bonheur simple et logique, puisqu'il serait la récompense de sa vertu. Cependant, toutes ses qualités le conduisent de déception en déception. Son expérience va se résumer en une série de déboires absurdes et de réussites imprévues. Elle consacre la bizarrerie des circonstances : le héros échoue dans ses projets volontaires. Il est abandonné par les femmes aux chapitres I et II, perd la confiance du roi et la position de favori, expérimente l'esclavage et les persécutions religieuses aux chapitres X, XI, IX et XIII, et se voit victime d'envie et de trahisons sordides aux chapitres IV, VIII et XVII. Au rebours de ces malchances, il réussit quand le hasard s'en mêle. En effet, c'est par accident qu'il devient favori du roi au chapitre IV, ministre aux chapitres V à VII, courageux sauveteur au chapitre IX, puis retrouve Astarté sans l'avoir cherchée au chapitre XVI.

Il n'y a donc pas de logique à son action : le personnage est une marionnette que l'on promène sur l'échelle de la chance et du malheur. L'inadéquation de sa volonté et de ses aventures est la matière première de la réflexion voltairienne sur la liberté, le mal et la Providence. Chez Voltaire, le héros *est* ses aventures, seules les actions vécues peuvent signifier, l'intériorité s'absente, les spéculations n'ont pas leur place, tout est dédié aux aventures se confrontant à la destinée.

Voilà pourquoi Zadig parle souvent par questions : il s'interroge pour nous interroger. Il demeure le support d'une réflexion sur les rapports entre destin et libre arbitre. Soit l'opposition suivante : ou l'homme est libre de construire sa destinée – auquel cas pourquoi le bonheur échappe-t-il toujours à Zadig ? –, ou l'homme est le jouet d'un ordre prédéterminé : c'est la position leibnizienne de la négation du libre arbitre, position qui s'oppose à la progression du conte vers un bonheur sans idéalisme. Le libre arbitre est incarné par les décisions de Zadig, et la destinée par ses aventures. C'est la résolution du chapitre XVIII qui permet de concilier les deux positions : Zadig figure alors la rencontre entre l'exercice de la liberté et l'acceptation d'événements qui nous échappent. *In fine*, le personnage porte toute la charpente réflexive du conte en éprouvant les contradictions conceptuelles et logiques de la destinée humaine.

Les autres personnages

Leur fonction se résume à l'incarnation des épreuves que connaît Zadig. Encore une fois, ce sont de pures silhouettes, les chantres d'une passion, d'un point de vue, d'une morale. Sémire et Azora constituent les symboles de l'inconstance féminine. Moabdar, le monarque tyrannique, est le support d'une satire de l'injustice et de la violence du pouvoir. Le voleur incarne l'image de l'immoralité. Le pêcheur est un quidam, symbole du malheureux frappé par le destin. L'Envieux, dont la désignation implique la référence à un caractère et non à un individu, se résume lui aussi à un pur schéma et incarne un opposant au bonheur du héros. Même Astarté, la femme aimée, point de mire de la quête, n'est qu'une absence, comme disparaît dans ce conte la figure du compagnon de route.

Les personnages sont des ombres éprouvant Zadig, résumés tout entiers dans leur fonction, dans l'épisode où ils interviennent. Ils sont des allégories, comme l'ermite pourvu d'une « barbe vénérable », lieu commun de la sagesse. Encore une fois, il s'agit d'exercer le jugement du lecteur sur la question de la destinée et les difficultés de la Providence, et non de l'attendrir sur des destins individuels. Le conte philosophique confirme sa poétique dans le traitement allégorique des personnages.

L'œuvre : origines et prolongements

Les parodies littéraires : matériau de l'ironie voltairienne

On a vu que le traitement des personnages s'opposait radicalement à l'identification romanesque. Les réécritures à l'œuvre dans *Zadig* se démarquent également du genre romanesque en le parodiant. Stigmatiser le roman revient à porter un coup de plus à toute forme d'idéalisme, de sublimation des sentiments et de la réalité par la fiction du cœur où les sentiments du lecteur priment toujours la réflexion. Les cibles privilégiées de cette parodie anti-idéaliste sont le roman de chevalerie et le roman courtois. Dans ce dernier, l'amour est magnifié et le courage exalté : le héros traverse des aventures d'où sa volonté et sa force sortent victorieuses. Au rebours de ce modèle du chevalier parfait, on trouve Zadig, héros estimable, mais dont les entreprises débouchent souvent sur des échecs cuisants. Non seulement il ne progresse pas toujours, mais il « régresse » souvent, allant jusqu'à devenir esclave.

La subversion ironique des codes vise également le roman sentimental, larmoyant ou idéalisant (chapitres VIII ou XVI), et le conte érotique aux effets éculés (chapitre XIII). Ces parodies impliquent un lectorat érudit, qui puisse décrypter les allusions et les parodies des genres moqués ; elles jouent d'ironie afin d'aguerrir le sens critique des lecteurs et de montrer la naïveté ridicule qu'il y aurait à croire la peinture idéale et mièvre de ces romans. L'effet parodique rappelle la leçon de *Zadig* : ne pas croire sans faire l'exercice de la différence, de la relativité, soutenu par le travail d'un entendement qui regarde le monde tel qu'il est et non tel qu'il devrait être. L'ironie parodique sert donc la morale du conte. Outre les parodies

L'œuvre : origines et prolongements

romanesques qui construisent nombre d'épisodes de l'œuvre, certains passages empruntent à des topiques ou des mythes repris par Voltaire. Il en va ainsi du pastiche des discours savants au chapitre VI, lorsque le Docteur énumère les disciplines qu'il enseignerait à l'enfant auquel il faut donner un père. Ou bien encore du pastiche du style biblique au chapitre VII, dans le discours de l'Envieux. Le principe de réécriture, du pastiche à la parodie, exige une lecture critique, un regard ironique sur le texte, symbolisant la leçon de relativité et de modération prônée par Voltaire.

Enfin, on pourrait évoquer la référence au mythe d'Œdipe, figure de la quête des origines, de l'aveuglement humain et du pouvoir du destin sur la volonté humaine (chapitre XIX en particulier). Reste à citer l'allusion à la sagesse du roi Salomon (chapitre VI), le recours au bestiaire biblique avec le basilic du chapitre XVI. On peut ainsi conclure à l'omniprésence des références qui font du conte le dépositaire d'une culture et d'une mémoire critiques où le jugement doit s'exercer, reconnaître les références, se tenir toujours en éveil. L'abondance des allusions, parodies, pastiches, toutes ces formes de réécriture, garantissent l'épreuve du relatif comme la vivacité de la lecture.

La source orientale

Zadig répond à la mode orientaliste de l'époque, relancée par la traduction des *Mille et Une Nuits* (à partir de 1704). Non content de séduire son public par un décor pittoresque tout particulièrement destiné à la fiction du conte, Voltaire y puise les éléments essentiels d'une réflexion sur la relativité des mœurs et la remise en cause des croyances. On peut également citer la source d'inspiration des *Lettres persanes*, roman épistolaire de Montesquieu (1721), lequel prend pour principe la comparaison ironique entre mœurs orientales perses et mœurs occidentales.

L'œuvre : origines et prolongements

Les FICTIONS ORIENTALISTES de l'époque sont le support d'une satire féroce de la société, de la politique et de la religion. Le même principe polémique et ironique commande l'écriture de *Zadig*. Le chapitre XI fait état de la barbarie de certaines coutumes (exacerbée par les rites orientaux, mais qui doit servir de leçon à l'Occident), le troisième attaque la prétention ridicule des travaux scientifiques (Voltaire vise certains membres de l'Académie des sciences), les chapitres I et XVI s'en prennent au dogmatisme ignare des médecins de l'époque. C'est bien la fiction orientale qui sert de point de départ à l'écriture critique du conte de Voltaire, qui ne saurait attaquer directement la justice française, comme il l'a fait au chapitre III en dénonçant l'arbitraire et le caractère expéditif des condamnations.

La CRITIQUE POLITIQUE, quant à elle, stigmatise le roi Moabdar, mais il faut y voir la figure de tout monarque abusif, pratiquant la tyrannie, opposée à la figure finale du monarque éclairé incarnée par Zadig. La fiction orientale, matériau du conte inspiré des *Mille et Une Nuits*, permet à Voltaire d'effectuer la critique d'un pouvoir autoritaire, arbitraire et violent, en évitant la forme du traité politique. Voltaire a recours à l'ironie, une fois de plus, à l'humour : l'écriture du conte met toujours en avant ses sources, son décor factice. On peut y remarquer un jeu avec l'anachronisme et les incohérences culturelles. Son écriture participe du palimpseste, c'est-à-dire que Voltaire met tout en œuvre pour révéler les ficelles littéraires, les références culturelles, les modèles dont il s'inspire et qu'il parodie. Sans cette distance permanente, cette ironie qui passe par un travail de multiples réécritures, le conte ne pourrait pas appliquer la leçon qu'il suggère au lecteur : refuser d'être dupe. Ainsi, dans *Zadig*, l'imagination orientale et sa fiction sont à la fois sollicitées et dénoncées.

Le débat philosophique

Si L'ON VEUT véritablement mettre en perspective l'interrogation profonde de *Zadig*, force est de rétablir sa place dans la

L'œuvre : origines et prolongements

querelle philosophique de la Providence et les démêlés scientifiques sur le rôle du hasard ou de l'entendement divin dans l'organisation de l'univers. Voilà donc la référence intellectuelle majeure du conte de Voltaire, référence qui en suggère la dimension pédagogique et vulgarisatrice. D'un côté, la philosophie métaphysique, parodiée et mise à distance ; de l'autre, la science, ses apports manifestes, mais surtout ses prétentions et ses hérésies. Car, au nom d'une pseudoscience, bien des dogmes s'accréditent. Pour preuve, tous les passages parodiques sur le discours scientifique, comme au chapitre VI, ou les allusions humoristiques à la pseudoscience de l'astrologie.

LA PRINCIPALE CIBLE de Voltaire, lorsqu'il tâche de mettre à terre les prétentions métaphysiques des philosophes, est Leibniz. En effet, c'est Mme Du Châtelet, qui fut longtemps la maîtresse et l'amie de Voltaire, qui connaissait bien ce philosophe allemand, et qui expliquait à Voltaire son système providentialiste. La métaphysique explique les causes de l'existence, elle se réfère à des explications qui sont au-delà de la nature, de la physique, de l'apparence sensible, pour comprendre le monde. La métaphysique présente un système de causalités qui nous dépasse.

AU REBOURS de cela, Voltaire veut penser l'homme à partir de l'homme ; il écrit un conte pour en découdre avec les prétentions métaphysiques. La destinée l'intéresse, mais il n'entend pas répondre au problème en métaphysicien : il veut expérimenter la réflexion, aux prises avec les aventures d'un personnage inventé, schématique, instrument d'une philosophie ironique et antidogmatique. Leibniz, au contraire, propose une interprétation de la destinée en termes métaphysiques : les causes des actes humains sont inaccessibles à notre entendement, mais elles sont rationnelles et décidées par Dieu. La destinée humaine est donc prédéterminée par Dieu et elle ne nous paraît mauvaise que parce que nous ne voyons pas la totalité du tableau : le mal est un point de vue humain. En

L'œuvre : origines et prolongements

outre, l'univers créé par Dieu serait le « meilleur des mondes possibles », c'est-à-dire qu'il faut reconnaître la perfection de la Providence et la finitude de l'entendement humain comme l'absence de toute liberté pour la monade qu'est l'homme. Voltaire s'oppose à cette interprétation métaphysique de la destinée, car il prétend à une liberté humaine, à une faculté de progrès, à une vertu d'apprentissage.

La dimension philosophique de *Zadig* réaffirme la vocation du conte et sa spécificité. Voltaire parodie. Voltaire conte à la manière des *Mille et Une Nuits*. Surtout, Voltaire tâche d'éclaircir le problème de la destinée et de ses aléas, tout en affirmant, à travers la forme choisie, que seules les actions vécues peuvent pallier l'absence de compréhension. C'est toujours réaffirmer la pratique, c'est-à-dire l'action, mais aussi la pratique de la pensée, du doute contre le dogmatisme, contre ce qui est clos et fini.

Le conte philosophique : un genre voltairien sans réelle descendance

Voltaire a porté un genre à la perfection, mais il l'a tant imprégné de son génie que nul disciple n'a sans doute osé prendre la relève. *Zadig*, *Candide* restent des références de notre littérature sans avoir eu réellement de descendance. Il s'agit encore une fois de constater à quel point Voltaire a utilisé une forme pour vulgariser des idées et exprimer sa philosophie, une forme dans laquelle l'ironie toute voltairienne, la distance réflexive, le refus de toute intériorité, de tout épanchement reflétaient le profil fuyant d'un esprit aux mille visages. Ce fut ensuite le temps du préromantisme et du romantisme, consacrant l'épanchement du moi, de l'individualité. Le roman s'est mis à tendre un miroir à l'individu et à la société, et le conte parut trop schématique, impersonnel, abstrait, sauf pour le fantastique qui y trouva son moyen d'expression privilégié.

L'œuvre : origines et prolongements

Au moment de sa parution, *Zadig* plut pour être une vulgarisation amusante des thèses leibniziennes et de leur contestation. Mais on lui reprocha un style frivole, un manque de sentiment, une défaite de l'esprit face à la facilité d'une narration sans écheveau solide (l'abbé Raynal, *Nouvelles littéraires*, 1749). Diderot lui-même, dans une lettre à Sophie Volland (12 août 1762), parle du patriarche de Ferney en ces termes : « Cet homme n'est que le second dans tous les genres. » Rousseau récuse le déisme de Voltaire dans ses *Confessions* et argumente en faveur d'un diabolisme à l'œuvre dans les contes (livre IX, vers 1769-1770).

Mais Voltaire fut lu, à défaut d'être imité et apprécié par ses pairs. Il incarna par excellence, chez les philosophes des Lumières eux-mêmes, le mythe de l'aridité froide d'une raison sans sentiment, qui découpe le réel avec ironie, que l'on transcrit en méchanceté cruelle, le raccourci étant de rigueur pour la critique de mauvaise foi. Si *Zadig* n'est certainement pas le chef-d'œuvre de Voltaire, il illustre son esprit frondeur et libre, sa conception toute singulière d'une philosophie violemment antidogmatique. Un Diderot ou un Rousseau ne pouvaient encenser Voltaire : c'est heureux, cela nous permet d'apprécier ce qu'est un esprit dans sa singularité. Aucun génie ne se ressemble, comme aucune œuvre digne de ce nom. Les contes de Voltaire, à la forme chaque fois renouvelée, n'ont pas constitué un moule à reproduire, tout occupés qu'ils étaient à défaire l'idée même de dogmatisme, d'idéalisme préconstruit, qui tâche d'enfermer le réel et l'expérience dans les formes rigides de la théorie ou de la poétique.

Le mythe du bon sauvage, l'œil neuf, le candide

Point de forme imposée, mais une poétique, donc, du conte. Une poétique qui implique un art d'écrire ironique, enlevé, impersonnel, jouant avec le schéma et les stéréotypes.

L'œuvre : origines et prolongements

Cependant, force est d'observer que *Zadig* repose sur un principe de désillusion utilisant l'œil neuf, la naïveté du personnage principal, procédé littéraire que Voltaire affectionna,
mais qui fut aussi particulièrement prisé en ce siècle des
Lumières. Un mythe se créa, multipliant ses avatars et ses
thèmes : c'était le « bon sauvage » pour Diderot, le huron chez
Voltaire, le Persan pour Montesquieu, le naïf (ingénu, candide)
encore pour Voltaire, mais aussi pour Rousseau (cf. l'utopie de
l'état de nature dans son fameux *Discours sur l'origine et les
fondements de l'inégalité parmi les hommes*, mais aussi le travail
de l'innocence dans un roman comme *La Nouvelle Héloïse*). Il
faudrait encore mentionner cette figure chez Marivaux (*La Dispute*, *La Double Inconstance*, etc.) ou chez Bernardin de Saint-
Pierre. Ce mythe de l'innocence incarnée dans des personnages
qui problématisent le rapport au social permet d'interroger les
bienfaits et les méfaits de la culture sur l'homme, la place de
l'homme face à ses semblables et, par suite, les grandes
notions de justice et de droit. Que doit-on à autrui ? Que nous
doit-il ? Tout ce qui est entériné par la pratique sociale est-il
normal et, plus encore, juste ?

L'ŒIL NEUF déstabilise la coutume, l'habitude qui font qu'un
comportement nous apparaît comme « naturel » et légitime.
Le droit n'est alors plus un pensé, quelque chose d'institué par
la raison et les lois, mais une habitude reconduite paresseuse-
ment, qui profite à ceux qui l'imposent. On peut par exemple
penser à la coutume indienne évoquée au chapitre XI, selon
laquelle la jeune veuve doit être brûlée vive à la mort du mari.
Zadig pose beaucoup de questions, il interroge les évidences :
il oblige les personnages à répondre, à se justifier et permet à
Voltaire d'exercer sa pleine ironie sur les coutumes tyranni-
ques, injustes, fanatiques. Quand l'habitude accapare le droit,
il n'est plus justice ni bon sens qui puissent diriger l'action
humaine. Non seulement le naïf interdit à la bonne conscience
d'imposer le fait comme droit en légitimant l'habitude parce

qu'elle est habitude, et non parce qu'elle serait juste, bonne pour tous, mais il incarne la figure du bon sens par excellence, de l'œil neuf qui n'a rien d'autre pour penser que sa raison, presque vierge. Utiliser l'œil neuf, c'est donc en définitive opposer le naturel du bon sens au dogmatisme social, la raison humaine à l'institution arbitraire et inique de la coutume. C'est tâcher de remonter en amont des bornes qu'impose l'habitude. L'exemple du raisonnement de Zadig au chapitre III est emblématique : on raisonne à partir du réel, des preuves matérielles, à partir d'une logique qui propose le bon sens et non le dogme comme point de départ. Autrement dit, le conte oppose le novice au préjugé, le faible à l'institution de la force et la logique naturelle à la pesanteur des dogmes. L'œil neuf inverse le rapport de forces, sa naïveté pèse peu face au tyran qui l'opprime, mais elle révèle la profondeur incommensurable des erreurs. Le mythe du bon sauvage, du nouveau venu, comme Zadig en Égypte, du naïf, comme Zadig face aux femmes, accuse le vide béant de l'édifice qui s'écroule. C'est parce que le naïf est faible qu'il destitue encore plus violemment un autre mythe : celui de lois justes parce qu'anciennes, de coutumes légitimes parce que rigides, dogmatiques, intangibles. Avec un personnage comme Zadig, dans l'ironie du conte, Voltaire montre qu'il n'en faut que très peu pour brûler les idoles.

La modernité et son interprétation tragique de l'œil neuf

L'œil neuf fut le principe privilégié des Lumières quand il s'agissait de déstabiliser la norme sociale et de proposer soit un progrès, soit une réforme de telle ou telle institution. Le procédé ne s'est pas gardé à l'identique, mais on peut cependant relever des avatars de cette figure dans le roman d'éducation du XIXᵉ siècle, avec un Fabrice qui ne comprend pas qu'il assiste à la bataille de Waterloo dans *La Chartreuse de Parme*. La scène est alors d'une ironie cruelle, qui désolidarise la chose

L'œuvre : origines et prolongements

de son symbole, qui fait le procès du sens. Que veut dire Waterloo sans la conscience, sans le mythe napoléonien, même lorsqu'il s'effondre ?

C'EST SURTOUT AU XXe SIÈCLE que l'on retrouvera cette figure, mais sur un mode tragique, voire absurde, et en tout cas grotesque. Céline construit Bardamu dans *Voyage au bout de la nuit* sur ce même principe. L'expérience du réel dessille ses illusions premières, ses naïvetés, en même temps que lui-même interroge le monde par l'ignorance et la candeur dont il fait preuve. Le procédé travaille dans les deux sens : l'œil neuf s'éduque en nous éduquant, en proposant un autre regard, un autre angle pour observer et juger le monde. Chez Céline, la noirceur pessimiste, le cynisme l'emportent, au rebours de Voltaire. Si le principe du regard décalé et vierge d'expérience se retrouve, c'est pour proposer une tout autre signification. Il y a parfois de la bêtise obstinée chez Bardamu, alors que Zadig comme Candide proposent leurs sagesses propres. Voltaire accepte que le monde nous échappe et prend acte de notre finitude. La limite n'est pas le rien, le vide. Pour Céline, le sens n'est pas dérobé à l'entendement humain : il n'y a pas de sens, tout est néant. Le nihilisme célinien n'offre aucun espoir, et c'est au bout de l'enfer qu'il nous conduit, sans rédemption.

D'UNE CERTAINE MANIÈRE, aussi bien dans ses romans que dans ses pièces de théâtre, Samuel Beckett utilise lui aussi des personnages qui pourraient s'apparenter à l'œil neuf. L'absurde naît du décalage, de la surprise : Vladimir ou Estragon (*En attendant Godot*) posent des questions rudimentaires et ramènent la condition humaine à sa plus simple équation. Ils incarnent une forme d'absurde naïveté, comme le narrateur de *Premier Amour*, qui oublie le jour de naissance de son père et retourne toujours sur sa tombe pour se le rappeler. Ce sont des êtres qui déstabilisent nos normes, notre regard. Ils intervertissent les valeurs. Notre logique habituelle nous semble soudain absurde ; et l'absurdité, la rugosité d'un regard

L'œuvre : origines et prolongements

nouveau nous révèlent le monde à l'aube d'une autre lumière. L'œil neuf au siècle des Lumières se confondait souvent avec le mythe du bon sauvage, l'Autre, celui qui a une culture différente de la nôtre. Dans l'histoire de la littérature, il est devenu pur procédé comique et critique, dont la signification tragique s'est imposée à des esprits qui ne trouvaient plus Dieu ni sens sur leur route. On est donc passé d'une critique des valeurs et des préjugés au nom d'une raison naturelle à un anéantissement de toute vérité possible, un athéisme postmoderne, où plus rien ne peut sauver l'homme de son absurde insignifiance.

Le savant Padmanaba et son disciple,
lithographie en couleur de Flashar
tirée d'une édition des *Mille et Une Nuits*.

Une banlieue au bout de la nuit.
Illustration pour un article sur *Voyage au bout de la nuit* de Céline,
paru dans Le Monde du 10/12/1932.

Lucien Raimbourg et Piere Latour dans *En attendant Godot*
de Samuel Beckett. Mise en scène de Roger Blin,
Théâtre Hébertot, juin 1956.

Le festival de Beckett,
production du Lincoln Center de New York, 1996.

L'œuvre et ses représentations

Le siècle des Lumières et la vogue de l'exotisme

Alors qu'au XVIIᵉ siècle l'exotisme ne va pas au-delà du nom des personnages ou d'une apparition secondaire dans des romans prétendument orientaux, la divulgation en France des *Mille et Une Nuits* à partir de 1704 lance une vogue orientaliste sans précédent. Nul art n'échappe à cet engouement pour l'étranger et sa culture. Le relativisme, qui se cantonnait à l'histoire, à la référence aux Anciens, se renforça d'un comparatisme géographique. Récits de voyage, représentations d'opéra aux décors extravagants et clinquants qui devaient renvoyer à l'Orient, tableaux exubérants, contes érotiques, nouvelles : rien ne se faisait sans jouer de cet orientalisme, inépuisable trésor de la diversité humaine. Pour mémoire, citons les fameuses *Lettres persanes* (1721) de Montesquieu, les *Contes arabes* de Cazotte, le *Sopha* de Crébillon, le *Supplément au voyage de Bougainville* de Diderot ainsi que ses *Bijoux indiscrets*. L'Orient représente l'ailleurs et la diversité culturelle. Il apprend à voir l'étrangeté, peut-être dans les choses qui nous paraissent les plus familières. De Bayle et Fontenelle à Voltaire et Montesquieu, la convocation de la géographie imaginaire orientaliste permet de rendre toute tradition problématique, toute sacralité suspecte, et autorise la recherche d'un fondement laïque des choses humaines. L'Orient, c'est un regard autre, neuf, renouvelé sur notre monde occidental et ses institutions.

L'opéra, terre d'accueil de l'orientalisme : Jean-Philippe Rameau et les Indes galantes

Malgré l'étendue artistique de cette vogue orientaliste, on peut en spécifier l'ampleur dans l'art lyrique. Jean-Philippe Rameau, représentant inégalé de l'opéra français, puisa abondamment dans le mythe oriental. Alors que la tragédie tire volontiers ses références de la mythologie et de l'histoire des Grecs et des Romains, l'opéra, fort de son recours aux registres merveilleux et surnaturel, voue un véritable culte à l'Orient. C'est que l'imaginaire orientalisant permet au spectaculaire de s'exercer à plein et aux irruptions les plus extravagantes de rendre une scène inoubliable. L'Orient convoqué ouvre la scène lyrique aux fantasmes sans souci de réalité et encore moins de précision géographique. Pensons aux *Indes galantes* (1735), qui se situent successivement en Turquie, au Pérou, en Perse et en Amérique du Nord. Mais aussi à *Zoroastre* (1749), où l'imaginaire oriental, remplaçant la mythologie gréco-latine traditionnelle, crée une poésie nouvelle de la scène lyrique. D'une certaine manière, c'est un Orient sans Orient ; peu importe, la magie opère.

L'orientalisme et la critique de la civilisation

Le recours au cadre oriental, mais aussi à toute forme d'exotisme, figure une certaine mélancolie du civilisé, l'Occidental, qui se sent las de lui-même. Ainsi, *L'Ingénu* de Voltaire ou l'utopie de l'état de nature de Rousseau dans le *Discours sur l'origine et les fondements de l'inégalité parmi les hommes* sont autant de figures qui permettent d'échapper à son siècle, ses défauts, ses injustices. L'Orient incarne alors une pure différence, le concept même de la relativité. Mais ce n'est pas pour l'imposer comme supérieur. Nul Occidental ne se rêve alors en Oriental. L'orientalisme est la marque d'un désir de changement et de retour à la pureté originelle. C'est pourquoi la vogue orientaliste verse très vite dans l'apologie du « bon sauvage », véritable utopie, idéal inaccessible qui excède toute représentation et toute culture déterminée, donc figée.

L'œuvre à l'examen

Objet d'étude : l'argumentation
et la délibération.

À l' *écrit*

Corpus bac : destin et rôle du hasard
ou de la Providence dans la destinée humaine

TEXTE 1

Lettres philosophiques
(1734), Voltaire.

XXVe lettre
(paragraphe 28, commentaire d'une citation de
Pascal).

« Qu'on s'imagine un nombre d'hommes dans les chaînes, et tous condamnés à la mort, dont les uns étant chaque jour égorgés à la vue des autres, ceux qui restent voient leur propre condition dans celle de leurs semblables, et, se regardant les uns les autres avec douleur et sans espérance, attendent leur tour. C'est l'image de la condition des hommes. » [Pascal]

Cette comparaison assurément n'est pas juste : des malheureux enchaînés qu'on égorge l'un après l'autre sont malheureux, non seulement parce qu'ils souffrent, mais encore parce qu'ils éprouvent ce que les autres hommes ne souffrent pas. Le sort naturel d'un homme n'est ni d'être enchaîné ni d'être égorgé ; mais tous les hommes sont faits, comme les animaux et les plantes, pour croître, pour vivre un certain temps, pour produire leur semblable et pour mourir. On peut dans une satire montrer l'homme tant qu'on voudra du mauvais côté ; mais pour peu qu'on se serve de sa raison, on avouera que de tous les animaux l'homme est le plus parfait, le plus heureux, et celui qui vit le plus longtemps. Au lieu donc de nous étonner et de nous plaindre du malheur et de la brièveté de la vie, nous devons nous étonner et nous féliciter de notre bonheur et de sa durée. À ne raisonner qu'en philosophe, j'ose dire qu'il y a bien de l'orgueil et de la témérité à prétendre que par notre nature nous devons être mieux que nous ne sommes.

TEXTE 2

Micromégas
(1752), Voltaire.

(chapitre 7, « Conversation avec les hommes »).

Le Sirien [Micromégas] reprit les petites mites [les hommes] : il leur parla encore avec beaucoup de bonté, quoiqu'il fût un peu fâché dans le fond du cœur de voir que les infiniment petits eussent un orgueil presque infiniment grand. Il leur promit de leur faire un beau livre de philosophie, écrit fort menu pour leur usage, et que dans ce livre ils verraient le bout des choses. Effectivement, il leur donna ce volume avant son départ : on le porta à Paris à l'Académie des sciences ; mais, quand le secrétaire l'eut ouvert, il ne vit rien qu'un livre tout blanc : Ah ! dit-il, je m'en étais bien douté.

TEXTE 3

Candide
(1759), Voltaire.

(fin du chapitre 30).

« – Je sais aussi, dit Candide, qu'il faut cultiver notre jardin. – Vous avez raison, dit Pangloss : car, quand l'homme fut mis dans le jardin d'Éden, il y fut mis *ut operaretur eum*, pour qu'il travaillât, ce qui prouve que l'homme n'est pas né pour le repos. – Travaillons sans raisonner, dit Marin ; c'est le seul moyen de rendre la vie supportable. » Toute la petite société entra dans ce louable dessein ; chacun se mit à exercer ses talents. La petite terre rapporta beaucoup. Cunégonde était à la vérité bien laide, mais elle devint une excellente pâtissière ; Paquette broda ; la vieille eut soin du linge. Il n'y eut pas jusqu'au frère Giroflée qui ne rendît service : il fut un excellent menuisier et même devint honnête homme ; et Pangloss disait quelquefois à Candide : « Tous les événements sont enchaînés dans le meilleur des mondes possibles ; car enfin, si vous n'aviez pas été chassé d'un beau château à grands coups de pied dans le derrière pour l'amour de mademoiselle Cunégonde, si vous n'aviez pas été mis à l'Inquisition, si vous n'aviez pas couru l'Amérique à pied, si vous n'aviez pas donné un bon coup d'épée au baron, si vous n'aviez pas perdu tous vos moutons du bon pays d'Eldorado, vous ne mangeriez pas ici des cédrats confits et des pistaches.

– Cela est bien dit, répondit Candide, mais il faut cultiver notre jardin. »

TEXTE 4

Jacques le Fataliste et son maître (1771), Denis Diderot.

(Sixième journée).

Jacques ne connaissait ni le nom de vice, ni le nom de vertu ; il prétendait qu'on était heureusement ou malheureusement né. Quand il entendait prononcer les mots récompenses ou châtiments, il haussait les épaules. Selon lui la récompense était l'encouragement des bons ; le châtiment, l'effroi des méchants. Qu'est-ce autre chose, disait-il, s'il n'y a point de liberté, et que notre destinée soit écrite là-haut ? Il croyait qu'un homme s'acheminait aussi nécessairement à la gloire ou à l'ignominie, qu'une boule qui aurait la conscience d'elle-même suit la pente d'une montagne ; et que, si l'enchaînement des causes et des effets qui forment la vie d'un homme depuis le premier instant de sa naissance jusqu'à son dernier soupir nous était connu, nous resterions convaincus qu'il n'a fait que ce qu'il était nécessaire de faire. Je l'ai plusieurs fois contredit, mais sans avantage et sans fruit. En effet, que répliquer à celui qui vous dit : Quelle que soit la

L'œuvre à l'examen

somme des éléments dont je suis composé, je suis un ; or, une cause n'a qu'un effet ; j'ai toujours été une cause une ; je n'ai donc jamais eu qu'un effet à produire ; ma durée n'est donc qu'une suite d'effets nécessaires. C'est ainsi que Jacques raisonnait d'après son capitaine. La distinction d'un monde physique et d'un monde moral lui semblait vide de sens. Son capitaine lui avait fourré dans la tête toutes ces opinions qu'il avait puisées, lui, dans son Spinoza qu'il savait par cœur. D'après ce système, on pourrait imaginer que Jacques ne se réjouissait, ne s'affligeait de rien ; cela n'était pourtant pas vrai. Il se conduisait à peu près comme vous et moi. Il remerciait son bienfaiteur, pour qu'il lui fît encore du bien. Il se mettait en colère contre l'homme injuste ; et quand on lui objectait qu'il ressemblait alors au chien qui mord la pierre qui l'a frappé : « Nenni, disait-il, la pierre mordue par le chien ne se corrige pas ; l'homme injuste est modifié par le bâton. » Souvent il était inconséquent comme vous et moi, et sujet à oublier ses principes, excepté dans quelques circonstances où sa philosophie le dominait évidemment ; c'était alors qu'il disait : « Il fallait que cela fût, car cela était écrit là-haut. » Il tâchait à prévenir le mal ; il était prudent avec le plus grand mépris pour la prudence. Lorsque l'accident était arrivé, il en revenait à son refrain ; et il était consolé.

L'œuvre à l'examen

a. Question préliminaire (sur 4 points)

Quelles thèses sont développées par ces quatre textes ? Les auteurs sont-ils toujours en accord avec les propos énoncés ? Quels procédés argumentatifs sont utilisés par les auteurs pour exposer ces diverses thèses ?

b. Travaux d'écriture (sur 16 points) – au choix

Sujet 1. Commentaire.

Vous ferez le commentaire, selon un plan organisé, de l'extrait de *Jacques le Fataliste et son maître* de Denis Diderot (texte 4).

Sujet 2. Dissertation.

Qu'est-ce que la liberté offre à l'homme et qu'est-ce qu'elle lui retire ?
En quoi l'existence du mal peut mettre en doute celle de Dieu ?
Faut-il s'affranchir du destin ?

Sujet 3. Écriture d'invention.

Vous rédigerez un échange, sur le modèle du dialogue philosophique, entre deux interlocuteurs qui se querelleraient à propos de l'existence d'une liberté humaine face au destin.

 Documentation et compléments d'analyse sur :
www.petitsclassiqueslarousse.com

L'œuvre à l'examen

À l' **oral** **Objet d'étude :** l'argumentation et la délibération.

Chapitre XVIII, « L'Ermite ».
Sujet : comment Voltaire illustre-t-il sa réflexion philosophique et morale ?

> **RAPPEL**
>
> Une lecture analytique peut suivre les étapes suivantes :
> **I. Mise en situation du passage, puis lecture à haute voix**
> **II. Projet de lecture**
> **III. Composition du passage**
> **IV. Analyse du passage**
> **V. Conclusion – remarques à regrouper un jour d'oral en fonction de la question posée.**

I. Situation de ce chapitre

> L'humour et l'ironie :
> des manières d'argumenter et de penser

Zadig reste une incarnation exemplaire de la pensée des Lumières qui s'essaie à la fiction, qui tâche de vulgariser la philosophie, de la rendre plus légère, définitivement opposée à une scolastique pesante et dogmatique. Voltaire comme Diderot, mais aussi bien Rousseau et Montesquieu, sont des philosophes dont la pensée s'est aussi bien exprimée sous forme d'œuvres de pensée que de récits de fiction : *De l'esprit des lois* pour Montesquieu en face de la fiction des *Lettres persanes* ; *L'Essai sur les mœurs* de Voltaire en face de *Zadig* ; les *Éléments de physiologie* de Diderot face à sa *Religieuse*, et, enfin, le *Discours sur l'origine et les fonde-*

L'œuvre à l'examen

ments de l'inégalité parmi les hommes, œuvre philosophique d'un Rousseau par ailleurs auteur d'un des plus beaux romans de notre littérature : *La Nouvelle Héloïse*. L'œuvre de fiction possède alors sa façon propre d'argumenter, de réfléchir, de poser les questions. *Zadig* est avant tout une réflexion sur la destinée, mais cette réflexion ne repose pas sur une argumentation philosophique, sur une démonstration en forme et analytique.

La réponse apportée *in fine*, dans le chapitre XVIII (« L'Ermite »), se donne en se dérobant, tout simplement parce qu'elle ne débouche pas sur une théorie invariablement applicable et que la leçon sur l'existence est un constat de finitude humaine et d'humilité. On n'arrive pas du tout au même type de certitude que dans un traité philosophique : le conte recourt à l'humour, à l'ironie, qui sont des manières de penser elles aussi. L'ermite ne délivre pas un contenu de savoir, mais il apprend à reconnaître la nécessité sceptique du doute quand on ne saurait, nous, humains trop humains, acquérir aucune prescience. Il convient donc d'analyser dans quelle mesure le conte de Voltaire incarne une pensée sans recourir à la théorie, et, pour cela, nous proposerons une analyse détaillée du chapitre XVIII (voir p. 121).

La fin du conte : couronnement des aventures initiatiques

Il importe que le chapitre « L'Ermite » soit placé à la fin du conte, comme couronnement des aventures initiatiques de Zadig. Sa situation dans l'œuvre lui confère un statut conclusif et moral, l'ermite incarnant la figure du sage, propre à délivrer une leçon sur l'existence attendue par le jeune Zadig, en proie aux doutes et au désespoir. Quand on s'interroge sur le destin, il faut laisser au personnage le temps de parcourir des aventures diverses, de connaître les expériences nécessaires à la maturité et de faire les rencontres multiples ; en un mot, de dessiner une carrière, une évolution faisant alterner périodes de chance et de malchance, tout cela afin qu'on puisse tirer quelque conséquence morale de ce parcours.

L'œuvre à l'examen

II. Projet de lecture

Les aléas du sort de Zadig semblent nier l'existence d'une Providence, c'est-à-dire d'une volonté divine qui dirige l'univers, au profit de l'affirmation d'un hasard sans sens ni justice. L'épisode de l'ermite, la rencontre avec celui qui se retire de la communauté des hommes pour faire l'exercice solitaire de la sagesse, cristallise la réflexion menée par le conte sur le rôle de la Providence dans la destinée humaine. L'ermite se métamorphose en Ange et révèle l'existence d'une Providence, mais dont les choix demeurent obscurs pour l'homme. Ce chapitre délivre la leçon déiste de Voltaire, mêlée d'arguments leibniziens vulgarisés : on ne saurait comprendre la portée du conte sans interpréter de près cet apologue essentiel.

III. Composition de ce chapitre

Le chapitre XVIII se compose de quatre étapes qui débouchent sur la métamorphose de l'ermite en ange et sur l'apologue de la fable du conte. Quatre étapes conduisent donc à l'acmé argumentative : elles ont lieu en crescendo, partant de l'étonnement simple de Zadig pour conduire à la révolte précédant la transformation du sage en envoyé de Dieu.

1. D'abord, le héros croise la route d'un ermite qu'il respecte et décide d'accompagner. Ce dernier contracte un pacte avec le jeune Babylonien : Zadig doit faire confiance à l'ermite et ne pas s'étonner, ne pas le quitter avant quelques jours. La première étape consiste en un séjour dans un « château superbe » (p. 122, l. 29 à l. 49). Là, Zadig voit l'ermite voler un homme qui les a accueillis avec orgueil certes, mais généreusement. Pourquoi voler celui qui offre ? Zadig reste perplexe, plongé dans une « étrange surprise ».

2. La deuxième étape les fait séjourner chez un avare. L'ermite agit encore une fois au rebours de ce qui est attendu, puisqu'il donne de l'or et des pierreries à l'avare qui les reçoit chichement. L'ermite redistribue ce qu'il a volé au seigneur prodigue

L'œuvre à l'examen

pour le rendre à celui qui ne mérite pas de récompense. C'est déjà comme si l'ermite exerçait une justice dont le sens nous échappe, puisque ses gestes violent la logique des apparences, le bon sens humain. À l'issue de cette seconde étape, l'anacho-rète explique le paradoxe apparent de ses actes (p. 123, l. 73 à l. 76). L'explication révèle qu'il a ainsi servi chacun en l'instrui-sant : le prodigue deviendra plus sage, l'avare plus généreux.

3. Arrive ensuite la troisième étape, pendant laquelle les deux voyageurs (on note encore une fois la thématique initiatique du parcours, du voyage) séjournent dans une honnête maison. En guise de remerciement, l'ermite part en mettant le feu à la maison de l'hôte hospitalier. Zadig s'insurge et ne com-prend pas l'attitude « extravagante » de l'ermite : ce sage semble en effet être tout simplement immoral. Cette troi-sième étape expose également la pensée déiste de Voltaire (p. 124-125, l. 95 à 113) et propose ses réflexions sur le statut moral des passions, tout en accréditant la notion de plaisir, tant décriée par le christianisme. Il y a bel et bien un Dieu qui décide du Monde, mais il n'a aucun rapport avec celui qu'impose la religion instituée.

4. La quatrième étape vient clore cet itinéraire, provoquant une révolte franche du personnage de Zadig. Après avoir été bien reçu par une « veuve charitable », l'ermite noie son neveu. On en arrive au paroxysme de l'immoralité : le crime. Là aussi, le chapitre repose sur une progression qui va du vol au meur-tre, progression indispensable à l'émergence de la leçon et de la métamorphose de l'ermite en ange. La cause (la charité, l'hospitalité) est à ce point opposée à l'effet (meurtre du neveu) que Zadig ne peut tenir plus longtemps le pacte qu'il a conclu avec l'ermite. Ce dernier lui semble le plus vil des hommes, immoral à l'extrême, injuste et fou. Quelle est alors la leçon que l'ermite propose à l'issue de ces quatre épreuves ? Cette leçon va procéder d'un paradoxe apparent, et reformu-ler la morale à partir des desseins de la Providence.

L'œuvre à l'examen

IV. Une lecture plus précise du passage

1. La réflexion philosophique et morale de Voltaire

Les étapes se concluent presque à chaque fois par une brève explication de l'ermite, ce qui rappelle la dimension philosophique et morale du conte. Cependant, la première étape ne débouche sur aucune explication, tandis que la deuxième propose quelques lignes qui demeurent obscures pour Zadig (p. 123, l. 73 à 76). On constate donc encore une fois que le chapitre se construit sur une progression : la troisième étape donne lieu à un exposé philosophique plus développé (rôle des passions et du plaisir dans la morale). Enfin, la quatrième, paroxysme de l'incompréhension de Zadig, véritable paradoxe moral offert à la méditation du lecteur, permet la métamorphose de l'ermite en ange et l'explication de la destinée humaine.

L'intervention du merveilleux dans le conte signifie que l'homme, de son point de vue limité, ne peut lui-même comprendre la destinée qui lui apparaît comme pur hasard alors qu'il s'agit bien d'un exercice de la Providence, pour lui inintelligible. S'il y a des étapes, c'est que l'homme peut apprendre, qu'il peut progresser, mais la leçon finale est celle d'un ange, d'un être supérieur qui voit plus loin et mieux que nous. Voltaire offre ici une leçon de relativité : nous croyons bien trop à la puissance absolue de notre raison. Nous faisons de grands discours, nous nous prétendons métaphysiciens, mais nous sommes en fait incapables d'expliquer la cause des événements, de justifier pleinement nos actes. Le Bien et le Mal, à l'aune de la relativité humaine révélée, ne peuvent plus se décréter si facilement. Il ne faut pas tenter d'intervenir sur le destin : il faut reconnaître l'existence du Mal, mais que notre vue peut parfois considérer un Bien comme mauvais, alors qu'il faudrait voir les choses autrement, ce que, par nature, nous ne pouvons faire.

L'œuvre à l'examen

2. L'argumentation expérimentale : la preuve par l'épreuve

Puisque nous ne connaissons pas la finalité des choses, puisque nous ne saurions entrevoir la cause ou les principes du Mal, du Bien, apprenons qu'« on ne [connaît] pas les voies de la Providence, et que les hommes [ont] tort de juger d'un tout dont ils n'[aperçoivent] que la plus petite partie » (p. 124, l. 99 à 102). L'incompréhension ne doit pas pousser l'homme à nier un principe qui le dépasse en fait. On doit reconnaître sans connaître. Voltaire argumente donc en faveur d'une Providence, comme Leibniz, sans pour autant nier la liberté humaine de progresser, d'agir en connaissance de sa finitude. Chez Leibniz, la volonté divine, le programme de la Providence, annule la liberté humaine, tandis que chez Voltaire, l'homme doit apprendre qu'il n'y a pas de théorie de l'existence, mais que l'absence de certitude n'empêche pas le bonheur.

C'est là que la réflexion propre au conte prend tout son sens : alors que la philosophie devrait imposer ses conclusions sous forme d'exposé rigoureux, Voltaire peut distiller la leçon de l'ermite-ange à l'intérieur du chapitre, sous forme progressive, mais toujours en la reliant à l'expérience faite devant et pour Zadig. L'ange pourrait venir et dire ce qu'il apprend à la fin, au lieu de quoi il noue un pacte avec le héros pour tâcher d'éprouver son bon sens et les limites de sa morale. Il montre à Zadig qu'il juge trop vite et en fonction de critères non avérés. L'ange infirme l'existence du hasard, l'interprétation en faveur d'une absurdité des événements, non par théorie, mais à l'issue d'une série d'épreuves, d'expériences : « Les hommes pensent que cet enfant qui vient de périr est tombé dans l'eau par hasard, que c'est par un même hasard que cette maison est brûlée : mais il n'y a point de hasard, tout est épreuve, ou punition, ou récompense, ou prévoyance. » (p. 128, l. 198 à 202). C'est dire que chaque événement possède une cause qui nous échappe.

L'œuvre à l'examen

V. Quelques éléments de conclusion

Zadig doit faire l'expérience progressive de ce qui apparaît comme absurde au regard humain pour « adorer » *in fine* la Providence. Si l'ange avait professé à la manière théorique, abstraitement, Zadig n'eût rien appris, n'eût donc pas compris. La réflexion dans le conte philosophique passe par l'exemplification des problèmes dans l'expérience des personnages. Toute preuve, toute réflexion procède de l'épreuve, de la matérialité de l'expérience et non des spéculations ou postulats théoriques. La manière de la leçon est en elle-même la leçon.

AUTRES SUJETS TYPES

Propositions de « pistes de lecture »

• D'abord, mettre au jour l'économie du chapitre, sa composition, sa structure progressive et dynamique devant déboucher sur la révélation finale.

• Analyser cette résolution finale en en montrant la modalité : recours au merveilleux, leçon de l'ange, prosternation de Zadig et retour sage du héros vers sa terre natale. Tout fait signe vers la conclusion du conte.

• Pour affiner le travail de détail sur le texte : proposer dans l'analyse du chapitre une partie qui révèle la symbolique du personnage de l'ange (barbe blanche, vieillesse, etc.) et le rôle topique de cette symbolique, aussi bien dans l'écriture du conte que dans le type de leçon qui en découle.

• Montrer enfin le parallélisme entre le programme poétique du conte (p. 125, l. 116 : « un entretien aussi instructif qu'agréable ») et la morale du conte philosophique. En quoi le conte philosophique tient-il en effet du mélange entre le plaire et l'instruire, l'argument et l'expérience, l'affirmation et le doute ?

 Documentation et compléments d'analyse sur :
www.petitsclassiqueslarousse.com

Outils de lecture

Apologue
Il s'agit de la morale délivrée dans une œuvre de fiction, dans une fable ou un conte, par exemple.

Athéisme
Attitude ou doctrine de celui qui nie l'existence de Dieu.

Déisme
Système de ceux qui admettent l'existence d'un Dieu tout en rejetant la révélation, la structure religieuse (l'Église, en l'occurrence) ou tout dogme. Voltaire est de ceux-là, en proposant un Dieu horloger qui régit l'ordre du monde.

Despotisme
Pouvoir absolu et autoritaire présenté comme dérive de la monarchie absolue de droit divin.

Déterminisme
Doctrine selon laquelle tous les phénomènes dépendent de lois ou de causes qui les provoquent nécessairement. Le déterminisme reconnaît la causalité en s'opposant à celle du fatalisme, lequel pose que tous les enchaînements de cause à effet sont fixés à l'avance par une puissance transcendante.

Dogmatisme
Attitude de celui qui cherche à imposer le dogme sans le démontrer, puisqu'il admet ces vérités comme des principes intangibles.

Dogme
Vérité religieuse tenue pour intangible, imposée sans recours à la démonstration.

Empirisme
Théorie philosophique qui place dans l'expérience la seule source de toute connaissance.

Épître dédicatoire
Lettre adressée à la personne à laquelle on dédie une œuvre.

Fanatisme
Attitude qui consiste à être absolument certain de détenir l'unique vérité en refusant discussion ou nuance. On parle souvent de fanatisme religieux puisque le dogme révélé ne souffre aucune réfutation.

Fiction
Dans une œuvre, on parle de fiction quand les éléments de la réalité sont transposés dans une histoire, selon une poétique propre, par exemple, pour *Zadig*, celle du conte.

Humour
Art de faire entendre qu'il y a une différence entre l'idéal et le réel. Il s'exerce volontiers contre les grands sentiments et les choses réputées sérieuses.

Idéalisme
En philosophie, système qui ramène l'être à la pensée et les choses à l'esprit. Il se départ du monde sensible au profit de la sphère

Outils de lecture

de l'intelligible. C'est toujours une façon de privilégier la raison sur l'expérience.

Ironie

Figure du langage qui consiste à dire le contraire de ce que l'on pense, tout en laissant entrevoir que l'on n'est pas purement sincère. C'est une manière d'introduire raillerie et humour, mais bien avant cela, c'est une façon de faire rétablir le sens véritable par le lecteur et non de lui imposer une vérité. C'est une figure du doute, du scepticisme et de l'enseignement.

Libertin

Celui qui refuse de croire à la révélation, aux dogmes, et qui ne veut être guidé que par la raison.

Manichéisme

Doctrine fondée sur la coexistence du bien et du mal. Par extension, attitude qui tranche définitivement en faveur d'une opposition terme à terme, définitive et catégorique, entre le bien et le mal.

Matérialisme

Système selon lequel il n'existe d'autre substance que la matière, dont la biologie explique toute vie, sans avoir aucun recours à quelque autre principe que ce soit. Cette doctrine repose donc sur une réfutation de l'existence de l'âme.

Merveilleux

Code fictionnel dans lequel les événements surnaturels sont acceptés comme tels. Il n'y a pas, comme dans le fantastique, d'hésitation entre interprétation rationnelle et recours à l'irrationnel.

Monarchie absolue

Régime politique dans lequel le roi détient tous les pouvoirs. Elle peut être de droit divin, ce qui signifie que le roi aurait reçu ses pouvoirs de Dieu lui-même.

Nécessité

C'est ce qui doit se produire selon une certaine cause, ce qui ne souffre aucun doute. La nécessité s'oppose ainsi au hasard, à la contingence.

Pamphlet

Court écrit satirique dont l'écriture est enlevée, violente, parfois drôle.

Parodie

Imitation comique d'un genre littéraire ou d'un grand thème artistique. C'est une forme de réécriture qui révèle les stéréotypes d'un modèle. Toute parodie est une forme de critique.

Pastiche

Imitation fidèle d'un style d'écriture.

Poétique

Art d'écrire, ensemble de règles et de conventions qui régissent un art ou un genre.

Outils de lecture

Providence

Assimilée à Dieu en tant qu'il organise le monde et en dicte les lois. Il s'agit donc de la volonté divine en tant qu'elle est bonne, parfaite, et qu'elle procure le Bien. Le point d'achoppement étant l'existence du mal.

Providentialisme

Croyance en la Providence divine et attitude qui consiste à expliquer tous les événements comme bons et voulus par Dieu.

Rationalisme

Doctrine d'après laquelle tout ce qui existe a sa raison d'être et peut donc être considéré comme intelligible. C'est le privilège de la raison sur les sens du point de vue épistémologique. Ce système s'oppose bien sûr à l'empirisme.

Relativisme

Pensée qui admet qu'aucune chose n'est absolue puisqu'elle dépend non seulement de l'idée qu'on s'en fait, mais aussi de l'impression qu'on en a à tel ou tel moment. Il s'agit donc de mettre au jour les causes culturelles ou éducatives qui nous poussent à choisir ceci comme plus acceptable que cela. Ainsi, le concept de vérité même en est ébranlé puisqu'il est soumis à la pluralité des jugements, laquelle pluralité le nie.

Roman d'apprentissage

Roman où le jeune héros fait l'apprentissage de la vie en se confrontant aux difficultés de l'existence, c'est-à-dire aux lois de l'amour (roman d'éducation sentimentale), aux passions en général, mais aussi à la société.

Satire

Écrit qui attaque les mœurs et les institutions pour en révéler les vices.

Scepticisme

Doctrine philosophique qui repose sur la reconnaissance du doute et de l'incertitude généralisés.

Scolastique

Système philosophique hérité d'Aristote, qui a versé dans la logique, le pur raisonnement et l'apprentissage formel. Des générations de clercs furent formés à la scolastique, démarche pesante qui ne laissait plus de place à la critique et à la liberté rationnelles.

Topique

On parle de topique quand on veut évoquer une structure récurrente, typique de tel genre, sans pour autant signifier qu'il s'agisse d'un stéréotype. En effet, cette dernière désignation est péjorative, tandis que la topique évoque qu'on reconnaît un code, un signe, sans le dénigrer.

Bibliographie

Sur les contes et *Zadig*

• « *Zadig* et l'origine du conte philosophique », Joseph Bianco, in *Poétique*, n° 17, 1986, p. 443-461.

• *Le Roman avant la Révolution*, Henri Coulet, Armand Colin, coll. « U », 1967.

• *Le Conte philosophique voltairien*, Marie-Hélène Dumeste, Hatier, 1995.

• *La Religion de Voltaire*, René Pomeau, Nizet, 1969.

• *Voltaire dans ses contes*, Jacques Van Den Heuvel, Armand Colin, 1967.

Éditions des contes de Voltaire

• *Romans et Contes*, Voltaire, éd. établie par Frédéric Deloffre et Jacques Van den Heuvel, Gallimard, coll. « Bibliothèque de la Pléiade », 1979.

• *Contes en vers et en prose*, Voltaire, éd. établie par Sylvain Menant, Bordas, 1993.

• *Micromégas, Zadig, Candide*, Voltaire, éd. présentée par René Pomeau, Flammarion, coll. « GF », 1994.

Sur le XVIIIᵉ siècle

• *La Philosophie des Lumières*, Ernst Cassirer, Fayard, 1966.

• *Histoire de la littérature française*, Jean Goldzink, sous la direction de Daniel Couty, Larousse, 2000.

• *La Crise de la conscience européenne*, Paul Hazard, Fayard, 1961.

• *La Philosophie de l'histoire*, Kant, Aubier, 1947.

• *L'Idée du bonheur au XVIIIᵉ siècle*, Robert Mauzi, Armand Colin, 1960.

Bibliographie

Sur Voltaire

• *Voltaire, la légende de Saint Arouet*, Jean Goldzink, Gallimard, coll. « Découvertes », 1989.

• *Voltaire entre A et Z*, Hachette Supérieur, 1994.

• *Voltaire*, Gustave Lanson, Hachette, 1906.

• *Dictionnaire Voltaire*, sous la direction de Jacques Lemaire, Raymond Trousson, Jeroom Vercruysse, Hachette, 1994.

• *Voltaire ou La Royauté de l'esprit*, Jean Orieux, Flammarion, 1966.

• *Voltaire en son temps*, sous la direction de René Pomeau, Voltaire Fondation, Oxford, 1985-1994.

• *Voltaire*, René Pomeau, Seuil, 1955.

Crédits Photographiques

Direction de la collection : Line Karoubi
Direction éditoriale : Frédéric Haboury, avec le concours
de Romain Lancrey-Javal
Édition : Jean Delaite, avec la collaboration de Marie-Hélène Christensen
Lecture-correction : service Lecture-correction Larousse
Recherche iconographique : Valérie Perrin, Laure Bacchetta
Direction artistique : Uli Meindl
Couverture et maquette intérieure : Serge Cortesi
Responsable de fabrication : Marlène Delbeken

Photocomposition : Nord Compo à Villeneuve-d'Ascq
Impression Rotolito Lombarda (Italie)
Dépôt légal : Août 2006 - N° de projet : 11009789 - Août 2009.